엄마가 알려주는 아이의 말공부

엄마가 알려주는
아이의 말공부

임영주 지음

프롤로그

아이는 언젠가 세상에 홀로 나가야 한다

우리 아이가 어디를 가든 환영 받았으면 좋겠습니다. 유치원, 학교에서 만나는 친구들과 선생님, 어른들에게 인기 있고 사랑받는 아이였으면 좋겠습니다. 아이가 살아가는 동안 수많은 사람을 만나며 억울한 상황, 화나는 상황에서도 '당하는 아이'가 아니라 자신을 잘 보호하며 '할 말을 하는 아이'였으면 좋겠습니다. 무례하지 않고 예의 바르게 "알겠습니다"와 "그런데요. 사실은~"을 순발력 있게 선택하며 잘못은 먼저 인정하고, 변명도 지혜롭게 하는 아이였으면 좋겠습니다.

왕따 당하는 것 같은데, 아이 친구들이 우리 아이를 무시하는 것 같은데, 친구에게 당하고 지면서도 자꾸 졸졸 따라다니는 것 같은데,

아이 친구들의 행동이 너무 얄미운데, 선생님이 우리 아이를 따뜻하게 대해주지 않는 것 같은데…….

이런 안타까운 상황에서도 부모는 아이의 친구들을 일일이 만나 '사이좋게 놀라고, 친하게 지내라고, 우리 아이 왕따 시키지 말라고, 무시하지 말라'고 할 수 없습니다. 담임선생님께도 '아이가 예민하고 상처를 잘 받는 성격이니까 말을 조심스럽게 해달라'고 부탁드릴 수도 없습니다.

아이가 밖에서 누군가에게 거절도 당하고, 얼굴이 빨개지도록 무안해질 때도 있겠지만, 그때마다 부모님이 나서서 해결해줄 수 없습니다. 아이는 아이의 인생을 살아가야 합니다. 아이가 만나는 세상, 아이가 만나는 사람, 아이가 느끼는 감정 모두 스스로 해결해야 합니다.

아이에게 말공부가 필요한 이유

부모님이 지금부터 해주실 아주 중요한 역할이 있습니다.

말과 태도에 대해 자세하고 구체적으로 가르쳐주는 겁니다. 아이가 자신의 감정을 잘 처리하고, 순간 발생하는 일과 상대방의 말에 적절한 태도와 반응을 보일 때 아이의 인생은 더욱 유연하고 행복해집니다.

'왜 나한테 저러는 거지?'
'왜 나를 무시하는 거지?'
'선생님은 맨날 나만 혼내.'
'친구들은 날 싫어해.'
'아, 억울해. 나만 그런 게 아닌데…….'

억울하고, 무안하고, 당황하고, 창피하고, 상처 입었다고 느끼는 순간, 아이의 자신감과 자존감은 바닥으로 떨어집니다. 용기 내어 겨우 부모님께 말했더니 아이보다 더 억울하고, 더 무안하고, 더 당황하고, 더 화난 부모는 오히려 아이를 혼냅니다.

"너는 왜 그런 상황에서 말을 못했어?"
"입이 없어? 왜 당하기만 해? 너 바보야?"

"너도 할 말 하고 살아야지. 정말 걱정이다!"
"왜 그런 상황에서 가만히 있었어?"
"밖에서 당하고 왜 엄마한테 그래? 아휴, 속상해!"
"친구들이 그렇게 했는데도 가만히 있었어?"
"선생님이 너만 혼냈다고?"

   부모님은 끝없이 아이를 야단치고 다그칩니다. 이제 아이와 함께 말공부를 해야 할 이유가 분명해졌습니다. 상황은 비슷해도 아이의 대처 방법에 따라 전화위복轉禍爲福이 되고, 설상가상雪上加霜이 될 수 있습니다. 상황을 충분히 들어주고 적절한 말을 알려주어야 합니다.
   아이가 자신을 보호하고 세상을 지혜롭고 행복하게 살 수 있는 방법을 《아이의 말공부》에서 소개합니다. 말로 상처 주고 말로 상처 입는 세상이지만, 아이가 남의 말에 오해하지 않는 내공도 필요합니다. 우리 아이가 또래와 친구, 선생님과 어른들께 사랑받고 인기가 많으려면 말을 받아들이는 태도와 말이 사랑스럽고 긍정적이어야 합니다. 원고를 쓰면서 '진작에 이런 책이 있었다면, 우리 아이들 어렸을 때 이 책을 썼으면 좋았을 걸' 하는 생각이 들었습니다.

세상과 사람을 오해하지 않고, 자신을 괴롭히지 않으며 살아야 합니다. 우리 아이들이 타인과 세상을 긍정적으로 바라보고 '세상은 내 편'이라 여기며 살아가면 좋겠습니다. 원망하고 속상해하느라 쓸 에너지를 기쁨과 행복으로 전환하도록 하는 게 '말공부'의 목표이기도 합니다.

제 귀염 제가 받는다

원고를 쓰며 이 속담을 자주 떠올렸습니다. '제 귀염 제가 받는다'는 '스스로를 높이고 보호하며 처신을 잘하는 아이가 사랑받는다'는 말입니다. 그러려면 '말로 빚을 지는 아이'가 아니라 '말 한 마디로 천 냥 빚을 갚는 아이'여야 합니다. 실수했지만 바로 인정하고 사과하는 아이, 무안하거나 억울한 상황에서 서툰 변명과 원망보다 상황을 파악하고 적절한 태도를 취하는 아이. 이런 아이는 수십 명이 모여 있는 교실에서도 선생님의 눈에 띕니다.

 아무리 공평하게 사랑을 주는 선생님이라도 눈길이 더 곱게 가는 아이가 있기 마련이에요. 우리 아이에게 머물고 스치는 선생님의 눈길은 어떨까요? 아이들은 눈길과 손길로 큽니다. 누군가의 따뜻한 눈길과 손길을 받은 아이의 자존감과 자신감은 남다릅니다. 또 자기 가치감과 유능감, 효능감이 높아져 행복을 느끼게 됩니다. 아이들은 또래로부터, 주변인으로부터 인정받고 사랑받을 때 자신이 타고난 밑그림을 더 확실하게 그려 나갑니다.

 우리 아이는 어떻게 말하나요?

 말할 때 어떤 태도로 말하나요?

 긍정적인 말을 많이 하나요?

 매사 부정적으로 말하나요?

 친구의 장점을 먼저 보나요?

 친구의 단점만 골라 말하나요?

 남의 말을 좋게 하나요?

실수했을 때 변명부터 하나요?

먼저 수긍하고 나중에 차근히 설명하는 편인가요?

아이에게 스스로 인정받고 대접 받는 법을 가르쳐주세요. 우리 아이의 자존감을 높여주고 싶다면 아이 스스로 자존감을 높이는 말을 하도록 도와주세요. 선생님께 용건이 있을 때는 어떻게 해야 하는지, 친구 사이에 오해가 생겼을 땐 어떻게 풀어나가는지, 질문을 할 땐 어떤 태도로 해야 좋은지 태도, 표정, 말투, 단어 선정, 말 속도에 이르기까지 모두 가르쳐 주어야 합니다.

이렇게 중요하고도 섬세한 말공부를 우리 아이에게 가장 잘 가르칠 수 있는 분, 아이가 어떻게 말할 줄 몰라 당황했을 때, 속상했을 때, 억울했을 때, 미안해서 친구 만나기를 꺼릴 때 고개 끄덕이며 경청하고 공감하며 따뜻하게 이야기 나눌 수 있는 분. 부모님 말고 또 누가 있을까요?

사람은 소울메이트 한 명만 있어도 망가지지 않는다고 합니다. 부모님은 아이에게 최고의 소울메이트입니다. 그런 분이 아이 인생을 평생 행복하게 할 말공부를 가르친다면, 아이에게 이런 행운이 또 있을까요.

우리 아이와의 말공부 시간, 10살까지입니다. 그때까지 정성껏 가르쳐 주세요. 말공부의 최선은 들어주는 것이고, 말을 잘 들어주는 부모님이 말공부를 가르칠 자격이 있습니다. 그러면 변화시킬 거라는 생각을 안 해도 아이 스스로 변합니다.

이 책은 아이의 말공부를 가르치는 부모님을 위한 친절하고 구체적인 안내서입니다. 아이의 말을 잘 들어주는 방법, 아이에게 상황에 알맞은 말을 가르치고 아이와 함께 연습하는 동안 부모님도 근사한 말습관을 갖게 될 것입니다. 그리고 이 책을 덮을 무렵 부모님은 저처럼 이런 생각을 할 거예요.

'우리 아이가 평생 이런 말습관으로 살아간다면 무엇이 두렵고 힘들까? 어디 내놓아도, 어디에 있더라도 미덥고 든든해. 걱정 없어.'

- 부모교육전문가 임영주

| 목차 |

프롤로그 아이는 언젠가 세상에 홀로 나가야 한다 • 5

1장
말공부가 아이의 미래를 바꾼다

01	말 잘하는 아이에게는 잘 듣는 엄마가 있다	• 19
02	대화의 고수가 되는 '반응하는 대화법'	• 26
03	센 사람, 목소리 큰 사람이 이기면 안 되는 이유	• 35
04	아이의 유머감각을 키워주자	• 44
05	장점을 먼저 보는 아이	• 54
06	아이의 입을 열게 하는 부모	• 63

2장
친구들 사이에서 인기가 많은 아이의 말공부

01	친구가 불편하게 할 때	• 73
02	부탁을 거절할 때와 오해받았을 때	• 77
03	당황하거나 얼굴이 빨개졌을 때	• 85
04	친구에게 실수했을 때	• 93
05	왕따 당하지 않는 대화법	• 102
06	내성적인 아이의 친구 사귀기	• 110
07	믿음직한 친구가 되는 법	• 119
08	친구에게 거절당하고 왔을 때	• 126

3장
선생님과 어른들에게 사랑받는 아이의 말공부

01	감사와 사랑을 잘 표현하는 아이	• 135
02	어른에게 허락 받을 때	• 145
03	어른이 부탁했을 때	• 153
04	선생님께 용건을 말할 때	• 161
05	매너 있는 아이로 키우는 말	• 166
06	억울할 때 하는 말	• 172
07	실수를 해도 예쁨 받는 아이	• 179

4장
자존감이 높아지는 아이의 말공부

01	양보만 하는 아이	• 191
02	말 한마디의 힘을 아는 아이	• 199
03	창피를 당하거나 무안할 때	• 207
04	부정적 감정을 건강하게 표현하는 말	• 213
05	형제 간 우애를 좌우하는 말	• 220
06	자존감 높이는 조언하기	• 227

5장
조리 있게 말하는 아이의 말공부

01	육하원칙으로 말하기	• 239
02	질문을 받았을 때	• 246
03	원하는 것을 확실하게 말하기	• 253
04	자기소개를 할 때	• 261
05	생각하고 말하기	• 270
06	자신의 마음을 표현해야 할 때	• 279

1장

말공부가
아이의 미래를 바꾼다

01
말 잘하는 아이에게는
잘 듣는 엄마가 있다

평소 표현력이 좋아 발표도 잘하고 글도 잘 쓰는 미정이는 어느 날 친구 혜나 집에 놀러 갔습니다.

"안녕하세요, 혜나 친구 김미정이라고 합니다."

"엄마, 얘가 내 절친 미정이!"

미정이는 혜나 엄마에게 인사를 한 뒤 혜나 방을 구경하며 즐거운 시간을 보냈어요. 그러다 그날 학교에서 있었던 재미난 일화가 떠올랐습니다.

"하하하! 정말 웃긴다."

"맞아! 선생님도 당황하셨을 걸? 엄마한테도 얘기해줘야지!"

학교에서 한 친구가 수업 시간에 큰 소리로 잠꼬대를 하는 바람에 반 전체가 웃음바다가 됐던 일이 떠올라 웃음꽃을 피우던 중, 혜나는 이 일을 엄마에게도 들려주고 싶어 주방으로 쪼르르 갔어요.

"엄마! 오늘 학교에서 무슨 일이 있었는지 알아?"

"엄마는 모르지."

"김지성이 수업 시간에 거의 소리 지르는 것처럼 잠꼬대를 한 거 있지? 하하하!!!"

"응."

"엄마, 선생님도 엄청 깜짝 놀라서 몸을 들썩이셨는데 그 모습이 얼마나 웃겼는지 몰라. 엄마, 혹시 내가 김지성이 누군지 얘기했었나? 김지성은 원래 웃기고 엉뚱~."

"아휴. 알겠으니까 잡담 그만하고 미정이랑 가서 놀아."

"뭐야 엄마는… 내 말 다 안 끝났는데!"

"지성이라는 친구가 잠꼬대했다며. 엄마 다 들었어."

"치, 짜증 나."

"저게 말버릇 좀 봐. 그 말버릇 친구가 들으면 엄마가 뭐가 돼?"

엄마의 반응에 기분이 상한 혜나는 방문을 쾅 닫고 들어오더니 감정이 가라앉지 않는지 씩씩거리며 말합니다.

"우리 엄마는 항상 저런 식이야. 내 말에 관심도 없고 들어도 대충 들어. 저러니까 내가 엄마랑 얘기하는 게 재미없지!"

"혜나야, 그러지 말고 우리 유튜브 보는 거 어때? 아참, 다음 주에 은선이 생일인데 선물 뭐 할지 생각했어?"

미정이는 화제를 돌리며 혜나의 기분을 풀어줍니다.

재미있는 시간을 보내고 집에 돌아온 미정이는 엄마에게 문득 고마움을 느낍니다.

"엄마, 항상 제 이야기 잘 들어주셔서 감사해요."

"응? 우리 딸, 갑자기 왜? 그 말 들으니까 엄마 감동해서 눈물 나려고 하잖아."

"오늘 혜나네 집에 놀러 갔는데 혜나가 학교에서 있었던 재미있는 일을 혜나 엄마에게 말씀드렸거든요. 그런데 혜나 엄마가 요리를 하고 계셔서 그런지 끝까지 안 들어주셨어요. 그랬더니 혜나가 방문을 쾅 닫고 기분 나빠하더라고요. 매번 엄마에게 얘기할 때마다 제대로 들어주지 않으셨대요. 그래서 엄마한테 뭐든 이야기하는 게 재미없다고 하더라고요.

그런데 엄마는 제 이야기 항상 잘 들어주시잖아요. 생각해보면 엄마는 한 번도 저에게 말을 그만하라고 하신 적이 없는 것 같아요. 저는 학교 끝나고 집에 와서 엄마한테 하루 일과 이야기하는 게 가장 재미있거든요. 학교 끝나면 얼른 엄마한테 말씀드리고 싶다는 생각뿐인데, 만약 엄마가 혜나 엄마처럼 제 얘기를 잘 들어주시지 않는다면 속상할 것 같아요."

"그런 일이 있었구나. 아마 오늘 혜나 엄마가 집안일로 많이 바쁘셨나 보다. 엄마는 미정이가 하루 종일 무슨 일이 있었는지, 어떤 생각을 하고 어떤 기분이었는지 늘 궁금하단다. 엄마가 꼬치꼬치 캐묻지 않아도 미정이가 재미있게 말해주니 엄마도 고맙고 즐거워. 우리 미정이는 이야기를 참 재미있게 잘하는 재주가 있어. 그런 미정이의 얘기를 들을 수 있어서 얼마나 행복한지 몰라. 엄마에게 고맙다고 말해줘서 엄마도 고마워. 미정아, 오늘 있었던 재미있는 일은 뭐야?"
"아! 엄마 그게 말이에요~."

오늘도 미정이는 학교에서 있었던 재미난 일들을 엄마에게 털어놓으며 즐거운 시간을 보냅니다. 미정이는 집에서 '수다쟁이'로 통해요. 하루 종일 엄마 곁을 맴돌며 재잘재잘 떠드는 것이 가장 중요한 일과나 다름없습니다. 그런 수다쟁이 미정이 곁에는 항상 귀를 열고 경청해주는 엄마가 있습니다. 아이의 이야기에 집중하고 잘 들어주는 엄마 덕에 오늘도 미정이의 표현력은 쑥쑥 자라납니다.

부모님 가이드.

수다쟁이 엄마가 아이의 표현력과 사회성을 길러준다고 하죠. 부모와의 대화가 아이에게 큰 도움이 된다는 것을 알지만, 모든 엄마들이 아이와 수다스럽게 대화하는 것을 즐기는 건 아닙니다. 아이에게 질문도 하고 싶고, 재잘재잘 떠드는 아이의 말에 대꾸도 해주고 싶은데 '수다 체질'이 아닌 엄마는 이마저도 힘들게 느껴질 때가 있습니다. 특히 워킹맘의 경우 아이와의 수다조차 업무의 연장처럼 느껴지기도 합니다.

아이와 엄마 모두 즐겁게 대화를 나누며 아이의 표현력을 기르고, 아이 일상에 대해 살펴보며 친밀감을 높일 수 있다면 더할 나위 없이 좋겠지만, 억지로 아이와 대화를 나눠주는 엄마보다는 편안한 마음으로 그저 아이의 이야기를 들어주고 적당히 호응해주는 엄마의 모습이 아이 눈에는 더 다정하게 보이니 '수다쟁이 엄마'가 아니더라도 안심하세요.

마음에 없는 '가짜 수다'로 마치 업무처럼 아이와 대화를 나눴다면 멈추세요. 앞으로 '가짜'는 넣어두고 '진심'을 꺼내주세요. 아이의 이야기에 눈을 맞추고 잘 들어주는 것만으로도 아이는 말 잘하고 표현력 좋은 사람으로 성장할 수 있습니다. 아이 말에 맞장구만 쳐주어도 좋습니다.

"그런 일이 있었어?"
"그때 속상했겠구나."
"기분이 좋았겠네?"
"발표를 잘했어?"
"응… 응… 그랬구나."

'엄마가 너의 말을 듣고 있다'라는 것을 알 수 있는 호응만으로도 충분합니다. 대신 이때 말의 온도가 중요합니다. 아이의 눈도 바라보지 않으면서 허공에 대고 심드렁하게 말하는 것은 별 도움이 되지 않아요. 아이의 눈을 바라보며 따뜻하게 반응해주는 것. 아이 말에서 '단어'를 찾아 짧게라도 맞장구쳐 주면 충분합니다. 부모님의 상상 이상으로 아이의 기를 올려 주는 대화법이에요.

너무너무 급한 일을 하고 있는 중이라면 손은 일하되, 귀는 열어주세요. 그리고 중간중간 아이를 바라봐 주세요. 아이도 압니다. 엄마가 바쁜 중에도 최선을 다한다는 것을.

아이의 성장을 방해하는 부정의 말

"쓸데없는 말 그만해!"

"알겠으니까 가만히 앉아 있어."

"넌 왜 이렇게 말이 많니?"

"그렇게 말이 많으니 선생님께 혼나지."

"엄마 피곤해! 조용히 좀 해."

"엄마 일하는 거 안 보여? 이따 얘기해!"

아이의 표현력을 키우는 긍정의 말

"네 이야기는 참 재미있어."

"오늘은 어떤 일이 있었는지 말해줄래?"

"오늘도 즐겁게 보내고 왔구나."

"그런 일이 있었구나. 속상했겠네."

"속마음을 엄마에게 말해줘서 고마워."

02
대화의 고수가 되는 '반응하는 대화법'

자기중심적이고 타인을 이해하는 능력이 부족한 유아와 초등기 아이들이 듣기의 고수가 되기란 쉽지 않습니다. 하지만 부모님께서 좋은 본보기를 보여주시고 조금만 더 관심을 기울인다면 가능합니다. 만약 우리 아이가 듣기의 고수가 된다면, 가까이하고 싶은 호감이 가는 친구가 될 것입니다.

엄마: 너는 네가 말할 때 어떤 태도를 보이는 사람과 더 대화하고 싶어?
아이: 내 말을 잘 들어주는 사람.
엄마: 네 이야기를 잘 들어주고 있다는 걸 어떻게 느낄 수 있어?

아이: 엄마처럼 내 말을 잘 들어주고 반응할 것 같아.

엄마: 그래, 진짜 대화의 고수는 말 잘하는 것보다 남의 말을 잘 들어주는 거야. 그런 사람과 말하고 싶어 하지.

이제 우리 아이가 대화의 고수가 되는 법을 전수해볼까요?

1. 친구에게 신호 보내기

친구에게 다가가 하고 싶은 말을 하고 친구가 말을 시작하면 '친구야, 나 지금 얘기 들을 준비되어 있어'라는 태도로 집중할 준비가 됐다는 신호를 보냅니다.

2. 친구에게 집중하기

이야기를 들을 때는 다른 곳을 보거나 주변을 흘깃거리지 않고 친구를 보며 집중하도록 합니다.

3. 고개를 끄덕이거나 눈을 맞추며 교감하고 반응하기

친구의 이야기에 고개를 끄덕이며 "그랬구나", "그랬어?"라는 반응을 하면 친구가 좀 더 편안히 이야기를 할 수 있는 분위기를 이끌어낼 수 있다는 것을 알려주세요. 적절한 리액션이나 추임새를 통해 친구의 말에 반응할 수 있도록 합니다.

4. 질문하기

친구의 이야기를 들으면서 궁금한 점을 체크해둡니다. "이 부분에서 궁금한 게 있는데……"라며 질문할 수 있다는 걸 알려주세요. 그럼 좀 더 활기찬 대화를 나눌 수 있게 됩니다.

5. 대화 마무리

"너랑 이야기하니까 참 좋다."

남이 말하는데 끼어드는 아이, 남의 말 안 듣고 자기 말만 하려고 하는 아이들이 점점 많아지고 있습니다. 반면 친구의 말을 들어주면서 적절하게 '반응'을 보이는 아이는 생각보다 많지 않아요. 구체적으로 유치원이나 학교에서 배운 적이 없으니까요. 경청, 공감, 반응이 여전히 화두가 되는 이유일 거예요.

우리 아이에게 남의 말에 '반응하는 방법'에 대해 가르쳐주세요. 리액션, 공감언어, 맞장구에 대해 구체적으로 알려줄수록 우리 아이의 미래가 밝고 행복합니다. 인간관계를 성공적으로 맺고 이끌어 갈 수 있으니까요.

부모님 가이드

대화를 할 때 적절한 공감과 알맞은 반응을 한다는 것은 정말 어려워요. 반응의 타이밍, 적절한 말을 구체적으로 가르쳐주어야 합니다. 안 듣는 아이, 반응이 없는 아이, 엉뚱한 반응을 보이는 사오정 같은 아이 모두 대화 기피 대상이지요. 적절한 반응이 얼마나 어려운지 알려주는 사례 하나 살펴볼까요?

유치원 현관에서 아이가 울고 있었습니다. 신발을 신은 채로 앉아 울고 있는 것을 본 친구의 엄마가 달래줄 마음으로 "엄마랑 헤어지기 싫어 슬프구나" 했더니 울던 아이가 이렇게 말하더랍니다.

"슬픈 게 아니고 그냥 눈물이 나는 거예요!"

이제 울음을 막 그치려는 참이었는데 낯선 아줌마가 자기에게 슬프구나 하고 묻는 게 아이는 창피하고 싫었던 것입니다. 우리가 공감언어로 많이 사용하는 '~구나'로 반응하는 것이 가끔 엇나갈 때가 있어요. '우는 건= 슬픔'이라는 공식으로 공감했기 때문인데, 이렇게 어른들도 상대방의 감정에 제대로 공감하기란 쉽지 않습니다.

아이들은 상대방의 말에 대한 이해력도 낮고, 표현하는 것 또한 (자신의 마음과는 다르게 표현 등) 미숙해서 서로 오해가 생길 소지가 높습니다. 아이가 자신의 의사를 잘 표현하고, 상대방의 말을 잘 알아듣고, 그에 적절한 반응을 보여 친구에게 '난 너와 말하면 속이 뻥 뚫리는 것 같아 시원하고 참 좋아'라는 생각이 들게 한다면 우리 아이의 친구관계는 걱정할 일 없어요. 누구나 말 통하는 사람을 정말정말 좋아하거든요.

대화할 때 반응을 잘하는 사람이 있습니다. "어머어머 그랬어? 어머어머, 정말 좋았겠다" 등 상대의 말에 적극적인 반응을 보이는 사람과 듣는 건지 마는 건지 반응 없는 사람과 말하는 것. 둘 중 선택하라면 서슴없이 전자를 택할 겁니다. 말할 맛이 나게 하는 사람이니까요.

반면 지나친 반응, 오버 액션을 하는 사람이라면 진정성이 의심되기도 합니다. 때로 조용히 진지하게 들어주는 것, 고개를 두어 번 끄덕이는 것, 짧지만 공감언어로 위로하는 것 등 대화에서 반응의 방법은 다양합니다.

우리 아이는 대화를 할 때 어떻게 반응하나요? 어른들도 상대의 말에 적절한 반응을 보이는 것이 쉽지 않습니다. 경청, 공감 등의 중요성을 잘 알지만 구체적으로 배운 적이 없어 습관적으로 반응하는 사람이 많아요. 우리 아이에게 어릴 때부터 반응하는 방법을 가르쳐 주어야 합니다. 말하는 것 이상으로 중요한 말공부가 바로 '반응'하는 것이니까요.

외향적인 사람은 대체로 남의 말을 들을 때도 반응이 적극적입니다. 만약 우리 아이가 내성적이라 의사표현을 잘 하지 못해 걱정하시는 부모님이라면 '반응하는 말공부'에 더 집중해주세요. 인기 있는 아이, 멋있는 아이가 될 겁니다.

또한 낄 때와 안 낄 때를 구분하지 못하고 과잉반응을 보일 때도 알맞게 반응을 보이는 방법을 가르쳐주세요. 어릴 때 배울수록 좋은 대화 습관으로 자리 잡을 수 있습니다.

"친구가 말할 때 잘 들어야 해"라고 가르치셨다면 멋진 부모님입니다. '말공부의 완성'은 아이가 다른 아이에게 치이지 않게 말 잘하라고 가르치는 것 이상으로 '잘 들어야 한다'는 것을 가르치는 것입니다.

아이의 말공부

1. 리액션·핵심어 피드백

❶ 상황에 따른 적절한 반응에 대해 이야기를 나누어 보세요.

아이와 상황을 하나 설정해보세요. 친구들과의 대화를 말해보라고 해도 좋아요. 예를 들어 아이 친구가 "나 어제 생일선물 받았는데 니네 그거 알아? ○○ 있잖아. 그거 엄청 비싸!"라고 했을 때 어떻게 반응하면 좋은지 이야기 나누어 보는 겁니다.

"'야, 또 자랑이냐?'라고 말하는 친구의 반응은 어떤 거 같아?"
"샘나서 질투하는 것 같아 시시해 보여."
"생일선물 받은 친구가 기분이 안 좋을 것 같아."

"'오, 어제 생일선물로 ○○ 받았어?'라고 한다면?"
"친구가 기분이 좋아서 다음 이야기를 할 것 같아."

"너가 뭔가 자랑하려고 할 때 친구가 어떤 반응을 보이면 좋을 거 같아?"
"같이 기뻐하면 좋을 것 같아. 그러면 기분도 좋고 그 친구를 더 좋아할 거 같아. 내 기분을 알아주는 친구니까."

❷ 리액션 반응의 예를 가르쳐 주세요.

"상대방의 행동이나 말과 비슷한 반응을 보여봐. 친구가 박수를 치며 '너무너무 좋아'라고 했다면 너도 같이 박수 치며 '정말 좋겠다' 하는 거야."

"'아까 선생님한테 지적 받아서 기분 나빠. 내가 잘못하긴 했지만 속상해'라고 했다면 '그래, 속상하겠다' 하면서 상대방이 한 말 중에서 하고 싶은 말의 핵심어를 찾아 반응을 보이는 거야."

2. 추임새 넣기

상대방 말을 잘 듣고 더 이야기하고 싶도록 반응을 보이는 겁니다.

친구: 선물을 열어 보니까 와, 내가 상상했던 이상이었어!
아이: 오, 그래? 어땠는데?

이 '추임새 반응'은 상대방의 말보다 길지 않게 하고 '놀라는, 좋겠다는, 다음 얘기가 궁금하다는 듯한' 표정과 말투로 하는 게 중요합니다.

3. 대화의 마무리

대화의 마무리가 중요하다는 것을 알려주세요. 마무리하는 말을 아이와 주거니 받거니 해보면 아이도 상대방의 입장에서 듣기 좋은 마무리 말을 더 잘 찾아낼 겁니다.

"오늘 네 이야기 들으니까 나도 기분이 좋아졌어."

"너랑 말하면 참 좋아."

친구와의 대화가 소중하고 좋았다고 말하는 아이. 이런 아이라면 친구 문제, 사회성 걱정은 없습니다.

03
센 사람, 목소리 큰 사람이 이기면 안 되는 이유

'직진 토크', '노 필터링No Filtering', '걸크러시', '거침없는 입담', '아슬아슬 토크', '센 언니' 등은 예능 프로그램이나 연예 뉴스 타이틀에서 쉽게 볼 수 있는 용어들입니다. TV에서도 거침없이 말하는 연예인들이 '솔직하다'는 평가를 받으며 인기를 끌고 있지요. 인기 있는 예능 프로그램이 방영된 다음 날에는 삼삼오오 모여 관련된 이야기를 하기 마련입니다. 초등학교에서도 예외는 아니에요.

"○○ 되게 솔직하지 않아? 사람들이 센 언니라고 할 만해."
"하지만 그 사람은 너무 자기 마음대로 말하는 것 같은데?"
"야, 그게 솔직한 거지!"

"하지만 그 솔직함이 누군가에겐 상처가 될 수 있을 것 같아. 충고하고 싶어도 그러다 자기가 공격당할까봐 아무 말도 못할 수도 있고."

"그러니까 그게 센 거고 카리스마가 있는 거지."

"상대방을 배려하지 않고 하고 싶은 말 다 하면, 자신은 속 시원해도 듣는 사람들은 불편할 수 있을 것 같아."

'세다'는 말의 의미

초등학생들이 센 언니라 표현하는 연예인이 궁금해졌습니다. 세다는 건 뭘까, 아이들이 말하는 카리스마는 뭘까도 궁금했습니다. 요즘은 '세다'는 것에 긍정적인 의미를 부여하는 것도 같습니다. 그러다 보니 참고 배려하는 사람에게는 "좀 솔직해져 봐", "뭘 그렇게 포장해?"라고 말하는 경우도 있어요.

이런 것을 우리 아이들이 잘못 받아들이면 굉장히 위험하지 않을까요? 아이들은 자기 생각을 거르지 않고 말하는 것을 솔직하게 말하는 것이라고 배우게 됩니다. 남을 배려하지 않고 거침없이 말하는 것을 '솔직하다'고 표현하고, '센 사람'이 이기는 거라고 믿는 세상이 된다면 부모는 아이에게 이렇게 가르치게 됩니다.

"다른 사람 의식하지 말고 네가 하고 싶은 말 해."

이 말은 배려심과는 거리가 먼 가르침입니다. '맞지 말고 때리고 와'라는 말도 하게 될지 모릅니다. 모든 아이들이 부모님으로부터 이런 가르침을 받는다면 우리 아이들의 세상은 위험해집니다. 생각을 거르지 않고 말하고 상대보다 좀 더 센 말을 하려고 할 테니까요.

말에 얻어맞고, 말에 치이고, 말에 쓰러지고 상처 받아 사람을 피하고 세상을 불신하게 된다면 그 책임은 누가 져야 할까요? '센 사람', '목소리 큰 사람'이 이기면 안 되는 이유를 각 가정에서 아이에게 가르쳐야 합니다. 아직 어린 우리 아이들은 '원래' 타고난 대로 말하고 행동하는 발달 단계라 고운 말과 배려하는 말을 '가르쳐야' 하는데, 우리 아이가 다른 아이들에게 당하고 살까봐 "너도 할 말 해"만 가르치면 아이들은 말 때문에 아프고 힘들어져요.

부모님 가이드

'솔직하다'의 사전적 의미는 '거짓이나 숨김 없이 바르고 곧다'는 의미입니다. '솔직한 말'은 우리가 생각하는 '돌직구'가 아니며 '거침없다'는 의미도 아닙니다. 우리는 솔직함과 '막말하는 것'을 혼동하고 있는지도 모르겠습니다. 어른들의 왜곡이 아이에게 전해지면 걷잡을 수 없습니다. 만약 아이들이 솔직을 가장해 생각 없이 말하거나 상대방을 배려하지 않는 막말을 한다면, 정작 생각이 많고 남의 입장을 생각하며 말하는 아이는 당할 수밖에 없어요. 우리 아이가 지나치게 솔직한 편이라면 매사에 목소리 큰 사람이 이긴다는 논리로 접근하지 않도록 꼭 말해주세요.

아이가 지나치게 솔직한 편이라면

"친구와 이야기할 때 네 얘기를 상대방이 어떻게 받아들일지 꼭 생각해야 한단다."
"상대방과 의견이 안 맞을 때 목소리를 크게 해서 이기려고 하는 것이 왜 안 좋은 방법일까?"

한두 명만 낳아 귀하게 기르는 요즘 시대에, 우리 아이가 하고 싶은 말을 다 하고 산다는 것은 자기 할 말을 못하는 것과 비교했을 때 다행이라고 생각할 수 있습니다. 하지만 다른 아이가 우리 아이의 말을 막고 억누르는 행동을 솔직함이라 말한다면 앞으로 아이들이 살아갈 세상은 거친 벌판, 약육강식 논리가 판을 치는 세상이 됩니다. 우리 아이가 친구들에게 지지 않고, 상처 받지 않고 살게 하기 위해 가르친 방법이 아이들을 위험한 세상으로 내모는 것입니다.

본인이 하고 싶은 센 말을 하는 아이 앞에서 아무 말도 못하는 우리 아이에게 어떻게 말을 해야 하는지 가르쳐야 합니다. 우리 아이는 그런 사람들을 만날 수 있으니까요. 말 공격에 방어를 할 수 있도록 가르쳐 주세요.

어떤 친구가 아무렇지도 않게 무안을 주며 상처가 되는 말을 했다면, 그 말에 동요하지 말고 "넌 그렇게 생각해?" 정도로만 대꾸하고 그 이상의 대화는 하지 않아도 된다는 것.

그리고 아이와 함께 '생각하는 말'과 '생각 없는 말'에 대해 이야기를 나누어 보세요. 언어적 동물인 인간이 말의 품격을 지키며 소통해야 우리 아이가 사는 세상이 안전합니다. 언어에는 사람의 마음과 생각이 담겨 있고, '의미'와 '소리'의 결합이므로 생각 없이 말한다는 것은 '말'이 아니라 단지 '소리'에 불과합니다.

부모님의 일상 대화에서도 상대방을 주눅 들게 하면서 거침없이 행동하는 사람들을 부러워하거나 좋게 말하는 것도 유의해야 합니다.

3살까지는 타고난 기질대로 살지만 이후에는 부모님의 훈육으로 기질을 다듬으며 타인과 어울리며 살아가도록 배웁니다. 초등학교 고학년부터는 논리와 인과를 알고 전후 판단을 할 줄 알게 됩니다.

"나 원래 그런데?"라는 건 이성적이지 않다는 의미이며, 배려심 없이 본인 감정대로만 하겠다는 선언입니다. 배운 바, 본 바, 들은 바, 읽은 바도 없다는 폭력적인 말입니다. 까다롭고 욕구가 큰 아이더라도 그러면 안 된다는 것을 스스로 알 수 있는 나이이기 때문에, 아이가 초등학교 고학년이라면 "나 원래 그래"라는 말은 하지 않도록 가르쳐 주세요. 부모님과 함께 '원래'의 의미에 대해서도 이야기 나누며 센 사람, 목소리 큰 사람이 이기면 안 되는 이유를 이렇게 들려주세요.

"목소리 큰 사람이 이긴다는 말은 옳은 말이 아니야. '적반하장賊反荷杖'이라는 말이 있거든. 도둑이 되레 몽둥이를 든다는 뜻인데, 잘못한 사람이 오히려 잘하고 있는 사람을 혼낸다는 거지. 아주 비겁한 방법이니까 우리는 그러지 말자."

아이의 수준에서 재밌게 접근하는 방법

"'방귀 뀐 놈이 성낸다'라는 속담이 있어. 민망하고 잘못한 상황을 덮기 위해 상대방을 제압하겠다는 나쁜 생각으로 목소리를 높이고 세게 나오는 거니까 그런 것은 배우지 말자."

아이의 말공부

❶ 화가 나거나 내 생각이 관철되지 않을 때

'원래'를 앞세워 말하지 않고 생각을 가다듬어 말하기

"나 원래 그렇거든?" (×)

→ '솔직한 것과 제멋대로 말하는 것은 다르구나.'

　'내 솔직한 말이 누군가에게는 상처를 줄 수 있어.'

　'화가 나거나 불리할수록 잘 생각하며 말해야겠다.'

　"좀 더 생각해보고 말할게."

　"네 얘기 더 들어보고 생각해볼게."

❷ 친구가 "나 원래 그렇거든?"이라고 말할 때

조언할 수 있는 사이라면

"네 원래 모습과 말 때문에 상대방이 상처를 받거나 곤란해한다면, 원래 그렇더라도 좀 더 부드럽게 말해야 하지 않을까?"

길게 응수하지 않는 방법

"그렇구나."

❸ 친구의 말에 동의하기 어려울 때

"난 그렇게 생각하지 않는데?" (×)

"뭔 소리야." (×)

"그렇구나." "너는 그런 생각을 했구나." (○)

"그렇게 생각할 수 있겠다. 나는 이렇게 생각해봤어." (○)

❹ 친구가 "뭘 그렇게 포장해?"라며 면박을 줄 때

"포장하지 않고 생각나는 대로 말할 수도 있지만, 그랬을 때 듣는 사람의 기분이 어떨까 생각해보고 다듬어서 말하는 게 나는 좋아."

❺ '막말'하는 사람을 '센 사람', '카리스마 있는 사람'이라고 말하는 친구와의 대화에서

친구: "요즘에는 센 사람이 이기는 거거든?"

"목소리 큰 사람이 이긴다는 말 몰라?"

아이: (차분한 말투로) "목소리를 크게 한다고 이야기가 잘 전달되는 건 아니래. 센 사람이 이기는 게 아니라, 이긴 사람이 결국 센 사람이 되는 게 아닐까? 부드럽고 차분한 말투로도 충분히 전달할 수 있어."

"네 생각은 그렇구나. 그런데 나는 거칠고 세게 말하거나 큰 목소리로 얘기하면 그런 내 모습이 후회되고 기분이 좋지 않아서 잘 말하려고 노력하는 중이야."

04
아이의 유머감각을 키워주자

학교에 다녀온 서준이는 심드렁한 표정으로 엄마에게 말합니다.

"엄마, 애들이 난센스 퀴즈라면서 낄낄 웃는데 정말 유치하더라. 오리가 얼면 '언덕'이라는 말이 웃겨?"

"오~ duck이 얼어서 언덕이라는 거네. 진짜 머리 좋다."

"그래? 미국에 비가 내리면 'USB'래. 세상에서 가장 싸움을 잘하는 나라는 '칠레'라는 거 있지? 엄마, 웃겨?"

"하하하. 재미있다. 웃기는데?"

"엄마도 이게 웃기다고? 엄마도 유치한 사람이었다니……."

"얘도 참, 웃기면 웃긴 거지. 웃는 게 유치한 거랑 무슨 상관이니?"

서준이는 엄마의 반응에 조금 당황스러웠습니다. 하지만 서준이보다 더 당황스러운 건 엄마입니다. 아이의 매사 따지고 분석하는 습관이 친구들에게 어떻게 보일까 걱정됩니다. 그러면서 친구들이 웃자고 하는 말에 따지고 들었던 엄마의 청소년기도 떠올랐습니다.

"서준아, 너는 재미없더라도 다른 사람들은 재미있을 수 있어. 친구들의 웃음 코드가 너와 다르다고 해서 유치하다고 말하지 마."

"유치한 게 사실이잖아. 내가 안 웃기다고 말하니까 어떤 애는 나보고 '왕재수'라고 말하는 거야. 그런 것만 봐도 유치하지 않아?"

"안 웃기다고만 했어?"

"하나도 재미없다고도 했지. 유치하다고. 난 세상에서 가장 싸움을 잘하는 나라가 어딘지 궁금하지도 않아. 난센스 퀴즈 같은 건 누가 왜 만들었는지도 모르겠어!"

서준이의 말에 엄마는 생각이 많아졌습니다. 아직 초등학생이니 친구들과 '하하호호' 웃으며 말장난도 하고, 그러면서 교우관계도 두터워질 텐데 친구들 유머를 하나하나 분석하며 따지면 친구들과의 관계도 안 좋고, 폭도 좁아질 수밖에 없습니다. 누구든 자신의 말에 호응하고 맞장구쳐 주며 그에 맞는 반응을 보여주는 사람을 좋아합니다. 서준이에게 말공부가 필요한 순간입니다.

상대의 말에 논리적으로 반응할 때와 감각적으로 받아들여야 할 때, 그리고 웃어줄 때와 안타까워할 때를 순간 알아차리는 것이 '말감각'입니다. 이 감각이 높아야 세상을 받아들이는 태도가 넉넉해지고, 관계와 소통이 원활할 수 있습니다. 특히 유머를 받아들이고, 유머를 즐길 줄 아는 능력은 언어의 유창성은 물론이고, 아이의 세상도 넓혀줍니다.

'난센스Nonsense'는 '이치에 맞지 않다'는 뜻입니다. 그래서 답이 엉뚱할 수 있어요. 엉뚱해서 웃는 사람도 있고, 엉뚱한 답이라며 따지는 사람도 있습니다.

다음 난센스 퀴즈를 들었을 때 우리 아이는 어떤 반응을 보이나요?

Q 자동차 문을 세게 닫으면 안 되는 이유는?
A 자동차 문이 네 개니까. (또는) 두 개니까.

서준이 같은 아이라면 "'세게'와 '세 개'의 '게/개'는 다르거든요?"라고 말할 수 있어요. 그 말에 "매사 따지기는. 재밌기만 한데!"라고 하지 마세요. 그 말 또한 아이 말에 따지는 것이고 아이가 경직되니까요. 그냥 깔깔 웃으면 되는데 그러지 못하는 건 아이라서 그런 거예요. 아이들은 자기 원칙을 지키며 고지식한 경우가 많거든요.

어른들이야 이해하고 받아들여줄 수 있지만 또래 친구들은 이상한 아이, 놀고 싶지 않은 아이로 여길 수 있습니다. 자칫 잘못하면 서준이처럼 '왕재수'라는 이야기를 들을 수도 있고 "야, 넌 왜 그렇게 따지냐?"는 말을 들을 수도 있으니까요.

남의 말에 잘 웃어주는 사람은 밝고 다정한 느낌을 주는 반면, 남의 말에 사사건건 시비를 거는 사람은 비판적이고 날카로워 다가가기 어려운 느낌을 줍니다. 남의 말을 감각적으로 빨리 받아들여서 웃어주고, 웃게 하는 것은 사실 엄청난 '능력'입니다. 유머 감각이 아이의 세상을 넓혀줄 수 있다고 하는 이유입니다.

말 잘하는 아이, 감각적인 아이

미드나 외국 영화를 보면 '저런 위기 상황에서도 재치 있는 말이 나올 수 있구나'라는 생각이 드는 장면이 많습니다. 일상에서 체득된 말습관일 겁니다.

같은 말이라도 위트 있게 할 줄 알고, 유머를 즐길 줄 아는 사람은 여유로우면서 넉넉해 보입니다. 과거에는 필요 없는 말을 하지 않고 묵묵한 이미지를 주는 사람이 대접 받았지만 이제는 유머 감각이 대접 받는 세상입니다. 정치인이나 아나운서도 국민들 혹은 시청자들과 가까워지기 위해 유머 감각을 발휘하며, 대중 강연에서도 유머와 재미가 중요한 요소가 됩니다.

그동안 유머 감각은 타고난 성격으로 '있어도 그만, 없어도 그만'이었지만 이제 노력과 연마가 필요합니다. 타고난 유머 감각이 없다면 길러주어야 해요. 아직은 우리 사회 곳곳에 유머가 넘치는 문화가 아니라서 아이가 배우고 터득할 곳은 바로 가정입니다. 부모님이 아이에게 가르쳐주세요. 유머 감각은 언어 감각 중 최고의 감각입니다.

감각적이다 즉, 센스 있고 느낌이 섬세하다는 이 말은 어느 분야에서든 환영 받는 긍정적인 말입니다. 눈, 코, 입, 귀, 피부를 통하여 바깥의 자극을 알아차리는 것이 감각입니다. 듣기 능력이 좋은 아이는 상대의 말을 섬세하게 받아들이고, 말 잘하는 아이는 언어에 대한 느낌, 센스, 감도가 높습니다.

친구들이 웃자고 한 말에 웃지도 않고, 그게 웃기냐고 따지면 아이는 또래들에게서 대화 기피 대상이 됩니다. 따돌림 당하는 것이 바로 '둔한 말 감각' 때문인데 부모는 '아이가 무엇 때문에 왕따 당하는지' 모른 채 걱정만 할 수 있어요. 말 감각이 뛰어나고 센스 넘치는 아이로 키우는 부모님이 되는 방법을 알아보겠습니다.

부모님 가이드.

아이의 유머 감각을 키워주려면 어떻게 해야 할까요?

1. 부모님이 웃을 줄 알아야 합니다.

아이가 재미있는 말을 하면 박장대소해 주세요. 상대방의 작은 유머에 큰 반응을 보이는 사람에게 호감 가기 마련입니다. 우리 아이의 사회성이 걱정된다면 다른 사람의 말에 반응하게(웃게) 해주세요.

엄마가 먼저 아이의 말에 웃음으로 화답하는 것이 중요합니다. "그게 뭐가 웃기다고 혼자 낄낄거려!" "웃기려면 잘해야지. 네가 먼저 웃으면 어떡해!"라며 아이의 말에 분석과 판단하는 것은 금물입니다. "오, 자동차 문이 네 개니까 세게 닫으면 안 되는구나. 이야, 재밌다. 너는 어디서 그런 재밌는 퀴즈를 배웠어?"라며 맞장구쳐 주세요. 아이가 보고, 듣고, 배워서 응용할 거예요. 유머는 유연한 사고가 기본입니다. 부모님이 보이는 부드럽고 유연한 모습을 보고 배웁니다.

2. 유머와 관련된 위인 이야기 등 유머 감각의 중요성에 대한 일화를 들려주세요.

'유머' 하면 떠오르는 위인이 링컨 대통령입니다. 링컨 대통령의 일화를 살펴볼까요? 1858년 상원의원 선거 때 있었던 일입니다. 링컨과 라이벌이었던 스티븐 더글러스는 링컨에게 "두 얼굴을 가진 이중인격자"라고 하자, 링컨은 더글러스에게 이렇게 말합니다.

"내가 만약 두 얼굴을 가지고 있다면, 오늘처럼 중요한 자리에 하필이면 이렇게 못난 얼굴을 가지고 나왔겠습니까?"

이외에도 링컨 대통령은 정치 생활 중에 들었던 모욕적인 말에도 특유의 유머 감각을 발휘하며 부드럽게 대처합니다. 링컨의 유머는 늘 상황을 역전시켰고, 많은 사람들의 지지를 받는데 큰 도움이 되었습니다.

궁지에 몰려 당황스러울 때 '목소리를 높여 상황을 악화'시키는 사람이 있는가 하면 '유머로 상대방을 압도'시키는 사람이 있습니다. 유머는 단지 웃기는 게 아니라, 관계를 부드럽게 하고 자신이 원하는 상황으로 이끌 수 있는 위력을 가졌다는 것을 아이에게 알려주세요. 유머의 힘을 알아야 아이가 적극적으로 노력합니다.

3. 밥상머리 교육을 활용하세요.

집안 분위기가 부드럽고 웃음이 넘치면 웃는 습관이 배어 상대 말에 대한 반응도 유연해집니다. 제가 '밥상머리 교육전문가'로 방송에 출연했을 때 추천한 방법입니다. 가족끼리 식탁에 모여 '어떤 대화'를 하는 게 좋으냐는 진행자의 질문에 무겁지 않은 주제 즉, 성적, 학교 생활, 독서 이야기가 아닌 '재밌고 가벼운 소재'로 시작하는 것이 좋다고 답했습니다.

이 중 하나가 난센스 퀴즈였습니다. '왕이 넘어지면? 킹콩' 등 유아나 초등기 자녀 모두와 웃을 수 있는 소재가 많아요. 어원語原이나 말의 조합에 대한 이야기도 자연스럽고 부담 없이 할 수 있으니 일석이조입니다. '킹King'은 영어로 왕, '콩'은 넘어질 때의 의성어라는 등 재밌게 풀어가다 보면 아이의 어휘도 풍부해지고 언어에 대한 감각과 순발력도 높아집니다. 언어 순발력은 발표나 면접에서도 빛을 발하지요. 적재적소에서 유머를 겸비한 언어 감각을 발휘한다면 우리 아이는 세계의 누구와도 소통할 '중요한 기본'을 갖춘 것입니다.

유머 감각 키우는 말공부

감각은 키울 수 있습니다. 어릴 때부터 유머 감각을 포함한 통합 감각을 길러주세요. 상대의 유머감각도 인정할 줄 알아야 합니다.

❶ 웃자고 말한 상대방의 마음을 이해시켜 주세요.

억지로 크게 웃지는 못해도 상대방의 유머감각을 인정할 줄 알아야 합니다.

"친구들이 웃기는 말을 하면 너는 어떻게 반응해?"

"친구가 웃긴 말을 할 때 웃어주는 건 대화 매너라고 생각하는데, 네 생각은 어때?"

"웃기지 않으면 억지로 웃을 필요는 없어. 미소만 살짝 지어도 돼."

❷ 아이가 웃기지 않다고 하면 인정해 주세요.

- 아이가 웃기지 않다고 하면 "그렇구나" 하며 넘어가 주세요.
- "그래, 안 웃길 수도 있어"라고 인정해 주지만, 아이가 "야, 그게 웃기냐? 유치하다" 하며 상대방의 말은 비난하지 않도록 가르쳐 주세요.

  "친구들의 웃음 코드가 너와 다르다고 해서 유치하다고 말하면 실

레일 것 같아."(○)

"친구들이 다 웃는데 너만 따지고 들면 누가 널 좋아하겠니?"(×) 분석하고 판단하는 말이기 때문에 아이를 경직되게 만듭니다. 유머 감각이 부족한 대신 분석적인 능력이 뛰어나다면 그 부분은 칭찬해주세요. 자신에 대해 자부심을 가지면 더 관대해지고 유연한 사고를 할 수 있게 되니까요. 낙천적이고 긍정적일 때 두뇌활동도 더 활발해집니다.

〈아이의 말공부〉

'친구가 웃기려고, 즐거운 분위기를 만들려고 하는 말일 땐 크게 웃는 것도 공감일 거야.' (○)
'별로 웃기진 않지만 미소 정도는 지어주자.' (○)
"야, '세게' 하고 '세 개' 하고 같냐?"(×)
"하나도 안 웃기거든."(×)
"정말 유치하다."(×)

05
장점을 먼저 보는 아이

"엄마, 친구들이 그러는데 내가 칭찬하면 진짜 칭찬하는 거래."

이 말을 들은 엄마는 문득 '우리 아이가 들은 말이 칭찬일까?'라는 생각이 들었습니다. 칭찬을 잘 안 한다는 말 같기도 하고, 진심으로 우러나 칭찬할 줄 안다는 뜻 같기도 해서 아이에게 다시 물어봤어요.

"어떤 칭찬을 했기에 '진짜 칭찬'이라는 말을 들었어?"

"오늘 준영이한테 멋져 보인다고 말했더니, 준영이가 다른 친구들한테 '건우가 칭찬 잘 안 하는 거 알지? 건우가 칭찬한 거면 진짜 칭찬이니까 나 오늘 정말 멋진 거다. 모두들 알았지?'라고 하더라고."

"준영이 말대로 평소에 칭찬을 잘 안 하는 편인 거야? 그 말을 들으니 엄마도 궁금해지는데?"

"칭찬? 많이 안 하는 것 같긴 해."

"그러니까 네가 평소 칭찬을 잘 안 하는데 칭찬하니까 진짜 칭찬하는 거라고 했다는 거네?"

가만히 생각해보니 아들이 누군가를 칭찬하는 말을 자주 하지 않는다는 것을 새삼 알게 됐습니다. 엄마는 아이에게 다시 한 번 물었습니다.

"오늘 말고 친구들한테 칭찬한 게 언제야?"

"별로 안 했는데? 그런 걸 꼭 말로 해야 돼?"

"버선처럼 뒤집어 보일 수도 없는 게 우리 마음이라잖아. 칭찬도 말로 표현해야 전해지거든."

칭찬에도 노하우가 있다

칭찬은 사회생활에 있어 꼭 필요한 말이고, 아이 정서발달과 표현력에도 도움이 됩니다. 칭찬을 남발하는 것이 좋을 리는 없습니다. 아무리 듣기 좋은 말이라도 상황과 상관없이 툭툭 내뱉는다면 오히려 안 하느니만 못할 수도 있어요.

하지만 '이걸 꼭 말로 칭찬해야 할까?' 머리로만 생각하다가 정작 칭찬에 인색한 아이, 칭찬이 어색한 아이가 된다면 칭찬하는 방법을 가르쳐주고 연습해야 합니다. 칭찬에도 노하우가 있거든요. 아이와 좀 더 이야기를 나눠볼까요?

"건우야, 칭찬을 꼭 말로 해야 되느냐고 물었잖아? 그럼 말로 안 하면 친구는 네가 그 친구한테 칭찬하는 것을 알 수 있을까?"

이렇게 아이와 '칭찬에 적절한 말과 상황에 대한 이야기'를 나누어 보세요.

"앞으로는 친구의 좋은 점이 있으면 아낌없이 표현해봐"라는 말도 좋지만 상황에 따른 적절한 칭찬의 예를 들어 알려주면 좋습니다.

"칭찬은 좋은 말이고 습관이지만 가끔은 상대방에게 부담을 줄 수도 있어. 어떤 칭찬이 부담을 줄 수 있을까?"

"음… 성적에 대한 칭찬?"

"맞아, 부담스러울 수 있겠지? 다른 건?"

"잘 모르겠어."

"엄마 생각엔 외모에 대한 칭찬도 조심해야 하는 칭찬 중 하나인 것 같아."

"왜? 날씬해서 부럽다, 말라서 좋겠다, 눈이 진짜 크다, 다리가 길다는 말은 모두 칭찬 아니야?"

"건우 입장에서는 그 말들이 칭찬일 수 있지만 듣는 입장에서는 그 부분이 콤플렉스일 수도 있거든."

"그런가? 맞아! 내 친구 민수도 말라서 살 찌고 싶어 해."

"민수에게도 날씬해서 좋겠다는 말을 하면 안 되겠다."

"그래야겠어. 엄마 말대로 다른 친구들한테도 외모에 대한 말은 조심해서 해야겠다!"

칭찬도 가려할 줄 아는 아이

언젠가 아이는 세상에 홀로 나가야 합니다. 칭찬이라는 좋은 말도 구분해서 하는 아이라면, '홀로' 세상을 나가지만 사람들과 '함께' 행복한 삶을 살 수 있습니다. 하지만 이런 노하우는 아이 혼자 터득하기엔 너무도 많은 시행착오와 시간을 가져야 합니다. 좋은 말도 언제 어떻게 하느냐에 따라 달라지는 섬세한 말공부는 부모님과의 대화를 통해 배울 수 있습니다.

부모와 아이가 시간을 함께할 수 있는 시기에 이런 연습을 한다면 언젠가 세상에 홀로 나가 치열하고도 힘겨운 상황과 직면한다 할 지라도 불안하지 않을 것 같습니다. 무엇이 필요한 말이고, 어떤 말이 인간관계를 부드럽게 이어주는지, 맺힌 매듭은 어떻게 풀어가는 지도 아는 아이일 테니까요.

부모님 가이드

장점을 잘 보는 아이는 모든 사람들에게 사랑받을 수밖에 없습니다. 내 장점을 봐주는 친구인데 어찌 예쁘게 보이지 않을까요. '칭찬은 고래도 춤추게 한다'라는 말이 있는 것도 그 때문이겠지요. 그만큼 칭찬의 효과가 크다는 뜻입니다. 반면에 '칭찬에도 독이 있다'는 말도 있습니다. 의미 없는 칭찬을 자꾸 반복하면 오히려 칭찬이 의도한 효과를 전하지 못할 뿐만 아니라 다른 말의 진정성도 의심 받을 수 있습니다.

저도 부모교육을 할 때 '아이에게 칭찬을 할 때 방법이 있다'고 말합니다. '노력과 과정에 대한 칭찬'을 하는 게 좋다는 말씀을 드리는데, '결과나 성과만을 칭찬'하는 경우가 많기 때문입니다.

하지만 지금 한창 자라나는 아이들의 경우 이런 고난도의 칭찬 기술을 익히기 이전에 칭찬하는 말습관을 기르는 게 더 중요합니다. '저게 칭찬할 점일까, 아닐까?'를 생각하느라 칭찬의 타이밍을 놓쳐버리는 아이, 자신도 모르게 친구의 장점과 좋은 점이 보여 습관적으로 칭찬하는 아이 중 어떤 아이가 친구들과 관계를 잘 맺어 나갈까요? 아이가 칭찬하는 것이 습관이 될 수 있도록 해야 합니다.

칭찬을 한다는 건 남의 좋은 점을 본다는 겁니다. 칭찬할 줄 아는 아이는 '칭찬거리'를 볼 수 있다는 뜻인데 '칭찬거리'는 대체로 장점입니다. 같은 사람을 보고도 장점을 먼저 찾는 사람이 있고, 단점을 찾는 사람도 있어요. 우리 아이가 남의 단점을 보고 그것을 반면교사反面敎師 나 타산지석他山之石 삼아 더 나은 사람이 될 수 있지만, 아직 어린 나이라면 그보다는 남의 장점, 좋은 점을 보고 그대로 모방하거나 자신의 것으로 만드는 편이 훨씬 좋습니다.

장점을 찾아냈다면 속으로만 생각하지 않고 표현할 수 있도록 연습해야 합니다. 사람들은 자신을 알아주고 칭찬하는 사람에게 마음을 열어놓고 또 그 사람을 좋아하게 되거든요. 칭찬을 할 줄 아는 아이, 많은 친구를 사귈 줄 아는 아이가 됩니다. 그러려면 우리 아이가 다른 사람의 '칭찬거리'를 찾고, 표현할 수 있도록 도와주세요.

칭찬하는 방법과 효과

"칭찬은 여러 사람이 있는 곳에서 누구나 잘 듣게 하는 게 좋단다."

"외모 칭찬이나 성적 칭찬은 왜 조심스러울까?"

"칭찬을 할수록 서로에게 이로운 점은 무엇일까?"

"칭찬거리를 찾는 과정에서 남의 장점을 볼 줄 알게 된단다."

"다른 사람에게 호감 가는 사람이 될 수 있어."

아이의 말공부

"부러움의 말과 칭찬을 구별할 줄 알아야 해. 어떤 말은 칭찬으로 들리지 않고, 친구로 하여금 '나를 지나치게 부러워한다'라고 생각할 수 있거든. 부럽거나 좋은 건 속으로 생각해야 할 때도 있어. 듣는 친구의 입장에서는 '이런 면 때문에 나랑 친구하나?'라고 생각하거나 질투하는 거라고 생각할 수 있어서야."

1. 칭찬과 부러움의 말 구별하기

"야, 그거 되게 좋아 보인다."(물건에 대한 부러움)
"네가 고른 거야? 참 잘 어울리는데?"(칭찬)

2. 부담을 줄 수 있는 칭찬 삼가기

❶ 외모 칭찬·별명 부르기

"너는 눈이 정말 커. 왕눈이 같아."(×)
듣는 친구는 눈이 큰 게 콤플렉스일 수 있어요.

❷ 성적 칭찬

"너는 공부 잘해서 좋겠다."(×)

성적에 대해 압박감을 갖고 있는 친구라면 부담스러울 수 있어요.

❸ **친구가 가진 고가의 물건을 겨냥한 말, 물질적인 부분에 대한 칭찬**
"넌 용돈도 많이 받고 항상 좋은 것만 써서 좋겠다."(×)

3. 상황별 칭찬과 인정의 말

칭찬과 아울러 '인정'하는 말도 연습합니다. 인정은 그 자체를 알아주는 것으로 칭찬과는 다르게 '인정받는 느낌'으로 기분 좋게 하는 말입니다.

- '칭찬거리' 찾아 칭찬의 말 연습하기
- 친구를 인정하며 존재감 올려주기

❶ **친구가 친절할 때**
"○○야, 넌 참 친절해. 고마워."

❷ **친구가 도움을 줬을 때**
"네가 도와줘서 문제가 잘 해결됐어. 고마워."

❸ 친구라는 존재를 칭찬하고 싶을 때
"나는 네가 내 친구라서 참 좋아. 앞으로도 계속 사이좋게 지내고 싶어. 고마워."

❹ 친구의 장점을 말할 때
"너는 글씨를 참 잘 쓴다. 비결이 있어?"

❺ 친구를 인정하는 말
"너는 참 열심히 하는 것 같아."

06
아이의 입을 열게 하는 부모

"엄마, 그거 알아?"

아이가 엄마도 잘 알고 있는 이야깃거리를 들고 무척이나 새로운 것을 자랑하고 싶은 듯 다가와 말합니다.

"엄마, 매미는 땅속에서 5~7년, 어떤 매미들은 13~17년 동안 있다가 세상에 나온대!"

그건 이미 예전에 아빠가 알려준 겁니다. 엄마도 그 자리에 함께 있었기 때문에 들었던 이야기지요. 아이가 이렇게 모두 알고 있는 내용을 말하거나, 엄마가 생각할 때 별거 아닌 일을 자랑삼아 말할 때 어떤 반응을 보이시나요?

반응 1. "그거 아빠랑 엄마랑 너랑 셋이 있을 때 아빠가 말한 거잖아."

반응 2. "정말 그렇게 오래 땅속에 있구나. 어떻게 그렇게 정확한 햇수도 기억하고 있었어?"

나름 엄마에게 자랑하려고 으쓱거리던 아이는 첫 번째 반응에 어떤 기분이 들까요? 민망해지고 머쓱해져 입을 다물게 됩니다.

말공부가 가능하려면

아이가 엄마도 뻔히 아는 내용을 으쓱거리며 자랑하듯 말하고 있나요? 우리 아이가 하고 싶은 이야기가 뭔지 부모님은 다 알고 있어도 모른 척하며 아이가 충분히 자랑할 수 있게 멍석을 깔아주세요. 아이가 칭찬 받고 싶어 무슨 이야기를 꺼낸다면 얼씨구, 장단을 맞춰가며 들으셨다가 기회를 잡아 듬뿍 칭찬해 주세요. 이런 경험을 한 아이는 부모님과 교감하는 시간이 행복해서 하고 싶은 이야기가 더 많아집니다.

아이의 입을 열게 하는 부모는 어떤 부모일까요? 뭘 물어봐도 "몰라" 하는 아이라면 성격 탓만 할 일은 아닙니다. 물론 말 많은 아이도 있고, 말수가 적은 아이도 있고, 한마디 물었는데 열 마디 하는 아이도 있고, 서너 마디로 물어도 단답식으로 대답하는 아이가 있습니다.

그럴 때 너무 말 많다고 할 필요도 없고, 왜 그렇게 대답에 성의가 없냐고 다그칠 일도 아니에요. 밖에 나가면 말수가 적은 아이인데 유난히 엄마 앞에서는 말이 많은 아이도 있습니다. 우리 아이가 부모님 앞에서 조잘조잘 할 말이 많은 아이여야 합니다. 아이 입을 열게 해야 말공부가 가능해집니다.

아이가 성장할수록 부모는 아이의 사회생활에서 점점 더 물러나 상담자, 지원자 역할을 해야 합니다. 아이는 부모를 떠나 아이 고유의 성장을 해야 하거든요. 아이의 성장터는 바로 학교이고 친구들과 함께하는 세상입니다. 부모가 아이를 따라다니며 아이가 할 말을 대신해 줄 수 없어요.

부모가 할 수 있는 최선은 아이가 만나고 겪을 다양한 상황에서 자신의 할 말을 제대로 하고, 남의 말에 쉽게 상처 받지 않는 내성도 길러주는 '말공부'를 가르치는 것입니다. 아이는 부모로부터 배운 말공부를 친구와 선생님, 어른들께 응용하며 멋진 사회생활을 해야 합니다. 이런 것들을 가르치려면 부모와 아이 사이가 가까워야 하고, 아이가 부모를 좋아해야 합니다. 좋아하는 사람 앞에서는 말하고 싶어져요.

아이를 입 열게 하는 부모인가요? 아니면 우리 엄마에게 이런 말해도 괜찮을까, 아빠한테 말했다가 괜히 혼날 거 같아 망설이게 하는 부모인가요? 부모님이 가르쳐주는 좋은 말이 아이의 입을 통해 나오려면 아이의 입을 열게 해야 합니다.

부모님 가이드。

아이 말수가 너무 적어서 "아무 말이나 좀 해봐!" 했다는 엄마가 있습니다. 그러자 아이가 "아무 말 뭐?" 이렇게 말하더래요. 이 상황을 예로, 아이의 입을 열게 하는 엄마와 입을 닫게 하는 엄마를 살펴볼까요?

입을 열게 하는 엄마: (반갑게) 아무 말 했네! (○)
입을 닫게 하는 엄마: 몰라서 물어? '아무 말 뭐?'가 뭐야! (×)

'아이에 대한 정보는 부모가 가장 나중에 안다'라는 말이 있습니다. 속담으로 비유하면 '등잔 밑이 어둡다'라고 할까요? 아이를 주눅 들게 하는 부모님의 말과 행동 그리고 '말 많다', '말 적다'고 판단하는 부모님의 지나가는 말이 아이로 하여금 입을 닫게 했는지도 모릅니다.

엉뚱한 말을 하는 아이, 한 말 또 하는 아이, 웃기지도 않은 말을 하며 혼자 깔깔 웃는 아이, 아무 때나 나서는 아이, 엄마와 아빠 입을 막고 먼저 나서는 아이에게 부모는 어떤 반응을 보였을까요?

아이의 입을 닫게 하는 말

"엉뚱한 소리 하지 말고 좀 신중해."

"지난번에 말했잖아. 기억력이 왜 그래?"

"뭐가 웃기다고 그렇게 낄낄거려."

"왜 어른들 말하는데 나서?"

아이의 입을 열게 하는 말

"오, 그런 생각을 했어?"

"그걸 어떻게 알았어?"

"그래? 와~ 엄마는 몰랐어."

"너는 그거에 관심이 많았었구나. 대단한데?"

"엄마는 미처 몰랐는데 아들 덕분에 엄마가 트렌드에 강해지네."

"엄청 웃긴다. 넌 어떻게 그렇게 재미있는 말을 많이 알아?"

아이의 어떤 말에도 반응하라는 의미가 무조건 "잘한다 잘한다"라고 하는 건 아닙니다. 반응해 주면서 가르쳐야 합니다. 아무것도 모르면서 안다고 하는 아이, 아무 때나 나서는 아이에게 친구들은 "떠들지 마"라고 할 수 있으니까요.

평소 아이의 이야기를 잘 들어주고, 아이에게 당당하게 말하려면 정확한 지식이 있어야 한다는 것을 알려주세요.

엄마: 말을 당당하게 하려면 어떻게 해야 할까?

아이: 책을 많이 읽어야 해! (지식을 알고 있어야 해. / 또박또박 말해야 해.)

엄마: 그래, 정확히 아는 게 중요해. 그렇지 않으면 제대로 알지도 못하면서 잘난 척하는 것으로 보일 수 있거든.

아이의 입을 열게 하는 부모님이 우리 아이가 세상을 살아가면서 겪는 억울한 일, 슬픈 일, 답답한 일, 화나는 일에 대해 어떻게 대처해야 하는지 알려줄 수 있습니다. 아이에게 말공부를 시키려면 아이가 부모님 앞에 와야 하고, 부모님과 마주 앉아야 합니다. 부모를 점점 외면하는 아이에게는 (지혜로운, 유익한) 어떤 말도 가르칠 수가 없습니다.

사람은 자기가 좋아하는 사람의 말을 잘 듣습니다. 아이가 어떤 말을 하든 존중하며 들어주세요. 아이에게 말을 가르치기 전에 해야 할 중요한 것은 아이의 어떤 말도 내치지 않고 잘 들으며 그에 맞게 반응해주는 것입니다.

아이의 　말공부

"만약 네가 친구들 앞에서 의견을 말하고 싶다면 어떻게 해야 할까?"에 대해 아이와 이야기 나누어 보세요. 유아기나 초등 저학년 시기는 (잘 알지도 못하면서) 아는 체하고 싶은 시기입니다. 아이가 무슨 말을 하더라도 민망하게 하지 말고 우선 들어주세요.

"잘 알지도 못하면서 아무 말이나 하면 안 돼."(×)
"그럼 친구들이 잘난 척한다고 그러니까 그렇게 말하면 안 돼."(×)
구체적인 상황에서 어떻게 자신의 의사를 표현하면 좋은지 가르쳐 주세요. 사례가 구체적일수록 도움이 됩니다.

❶ 학교에서 친구들에게 자신의 생각을 말할 때
"애들아, 이렇게 하면 어때?"
"내가 어느 책에서 봤는데, 이런 방법도 있을 것 같아!"

❷ 선생님께 자신의 생각을 전할 때
"선생님, 제 생각인데요, 이런 방법은 어떨까요?"

상대방의 반응이나 장소에 따라 적절한 말을 사용하도록 부모님이 모범을 보여주세요. 상대방의 말을 끊지 않고 끝까지 듣기, 할 말은 자신의 순서가 됐을 때 하기 등 대화 예절을 가르치는 일은 매우 중요합니다. 이 모든 것을 가르치려면, 무엇보다 아이의 입을 열게 하는 부모여야 한다는 것을 기억하세요!

2장

친구들 사이에서 인기가 많은 아이의 말공부

01
친구가 불편하게 할 때

아이들이 바깥에 나와 옹기종기 앉아 흙장난을 하고 있었습니다. 민서는 흙으로 집을 만드는데 집중하느라 자신이 뿌리는 흙이 예지에게 계속 튀고 있는지 '모르고' 있습니다. 불편함을 느낀 예지는 참고 있다가, 민서를 향해 흙을 한 줌 쥐고 뿌려 버립니다. 민서는 영문을 모른 채 흙을 뒤집어써 화가 나 소리를 질렀습니다. 두 친구의 흙싸움이 시작되었습니다.

"네가 먼저 그랬잖아!"
"내가 언제 그랬어?"
"으아아아앙~."
"으아아아앙~."

민서와 예지의 울음소리에 놀이는 중단되고 한바탕 난리가 났습니다. 선생님이 중재를 하고 자초지종을 묻자, 민지와 예지가 씩씩거리면서 앞다투어 말합니다.

"민서가 먼저 저한테 흙을 뿌렸어요."

"내가 언제 그랬어?"

"너가 먼저 뿌린 흙이 내 눈에 들어갔단 말이야."

부모님 가이드。

잘못은 물론, 친구에게 흙이 튀지 않게 조심하지 않고 논 민서에게 있습니다. 하지만 먼저 피해를 본 예지가 민서에게 똑같은 방법으로 되돌려준 것도 생각해봐야 할 문제입니다. 누구나 가해자도 피해자도 될 수 있습니다. 이런 상황이 왜 유치원에서 학교에서 놀이터에서 비일비재하게 일어날까요?

아이가 집에 와서 "○○한테 맞았다, ○○ 때문에 불편했다"는 말을 하면 부모님들은 뭐라고 말씀하시나요?

"누가 한 대 때리면 바보같이 맞고 있지 말고 같이 때려!"

"싸우면 지지 말고 이기고 와!"

"그래서 넌 가만히 있었어?"

많은 부모님들이 '아이가 친구들에게 밀리지 않을까, 기가 죽지 않을까' 노심초사하면서 이렇게 가르칩니다. 하지만 이런 방법은 아이에게 어떤 도움도 되지 않습니다. 그러면 어떻게 알려주어야 할까요?

먼저 흙장난을 하다가 본의 아니게 친구에게 피해를 준 아이의 엄마라면 "미안해. 일부러 그런 게 아니야. 실수야. 정말 미안해"라고 말하는 법을 아이에게 가르쳐야 합니다.

반대로 피해를 본 아이의 엄마라면, 이유도 없이 친구가 자신을 불편하게 했더라도 감정적으로 대처하지 말고 "친구야, 나한테 계속 흙이 튀어서 불편해. '왜' 그렇게 하는 거야?" 물어보라고 알려주어야 합니다.

여기에서 중요한 것은 이유를 묻는 '왜'라는 단어입니다. 악의를 가지고 친구를 괴롭히는 경우는 물론 예외지만, 놀이에 빠져 주변 상황을 완전히 인지하지 못하고 다른 친구에게 피해를 주는 일이 아이들에겐 아직 많기 때문입니다.

아이의 말공부

친구가 나를 불편하게 하는 상황이 발생해도 즉각 감정적으로 대응하지 않아요.
"짜증 나!" "뭐야?" "야!" (×)

1단계. 내 기분과 상황 설명하기
"너가 그렇게 하면 내가 불편해."

2단계. 친구에게 이유 묻기
"왜 그렇게 하는 거야?"
이때 따지는 말투로 묻지 않는게 중요해요.

3단계. 상대에게 요구하기
'난'으로 시작해서 '좋겠어'로 끝냅니다.
"난 네가 흙을 이쪽으로 뿌리지 않았으면 좋겠어."

02
부탁을 거절할 때와
오해받았을 때

평소 대화가 잘 통하기로 소문난 다원이와 희수는 오늘도 수업이 끝나기 무섭게 나란히 앉았습니다. 두 아이에게 쉬는 시간은 곧 즐거운 수다 시간이기 때문입니다.

어제 본 TV프로그램 이야기부터 요즘 인기 있는 유튜버 이야기, 방과 후 일정 등 나누고 싶은 이야기는 끝이 없는데 야속한 시곗바늘은 유독 쉬는 시간에만 몇 배는 빠르게 움직이는 듯합니다.

"또 벌써 종 친다."

"뭐야, 뒷이야기 궁금한데!"

"그럼 내가 선생님 몰래 쪽지 보낼까?"

"히히. 좋아!"

종소리와 함께 다시 수업이 시작됐습니다. 선생님의 말씀에 따라 책을 펴보지만 수업 내용이 귀에 들어올 리 없어요. 두 아이의 관심은 오직 선생님의 시선입니다. 쉬는 시간에 못 나눈 이야기를 쪽지에 써서 선생님 몰래 주고받아야 하기 때문이지요.

다원이와 희수 사이에는 시영이가 앉아 있어요. 선생님 몰래 조용히 쪽지를 주고받으려면 시영이의 도움이 필요한 상황입니다. 다원이는 선생님 몰래 시영이의 옆구리를 찌르며 쪽지를 전해달라는 눈짓을 보냅니다. 시영이는 귀찮고 곤란하다는 표정을 지으며 고개를 좌우로 절레절레 흔듭니다.

시영이가 거절 의사를 보내거나 말거나 다원이는 선생님 몰래 희수에게 쪽지를 전달하는데 급급합니다. 선생님이 수업 자료를 확인하는 순간, 기회를 포착한 다원이는 '희수에게 전달해줘'라고 적은 쪽지를 시영이의 책상에 살짝 던져버렸어요.

'쪽지 넘겨주다가 선생님한테 걸리면 혼날 텐데……'

선생님께 지적 받는 것을 싫어하는 시영이는 이런 상황이 매우 불편합니다. 원치 않는 상황에 잠깐 머뭇거리니 다원이가 다급한 표정을 지으며 말합니다.

"(소곤소곤) 빨리 희수한테 줘. 살살 던지면 안 걸려!"

'그래, 얼른 넘겨주고 수업에 집중해야지.'

희수에게 쪽지를 전달하는 순간, 선생님의 레이더망에 제대로 걸리고 맙니다.

"선생님이 다 봤어. 박시영 일어나. 수업 시간에 딴짓하지 말랬지."

"아… 선생님, 다원이가 희수한테 전해달라고 한 거예요. 저 딴짓 안 했어요."

당황한 시영이는 선생님께 오해받는 것이 싫어 상황을 설명하면서 해명해 봅니다. 그러나 선생님의 눈에는 '변명'으로 보일 뿐 상황은 달라지지 않습니다.

"조용히 해. 박시영, 정다원, 양희수 수업 끝나면 노트 검사할 거야."

선생님이 자신의 말을 잘 들어주지 않자 시영이는 더 억울합니다. '쪽지를 전달해줄 생각 없었는데', '다원이가 내 책상에 쪽지를 던져 어쩔 수 없이 전달해준 것뿐인데', '선생님은 왜 내 말을 들어주지 않지?'라는 생각들이 꼬리를 물며 쪽지를 전달해달라고 부탁한 다원이, 다원이와 쪽지를 주고받은 희수, 억울한 상황에 대해 대변해주지 않는 주변 친구들, 나를 오해하는 선생님까지 모두 밉기만 해요.

수업 시간에 선생님께 공개적으로 지적 받으면 어떻게 대처해야 하는지 모르는 아이는 당황스럽기만 합니다. 오해받은 것이 억울해 선생님께 자초지종을 설명한 것뿐인데, 괜히 선생님께 고자질한 아이로 낙인 찍힌 것 같거든요.

실제로 이러한 일들이 반복된다면 선생님과 친구들 사이에서 '변명하는 아이', '고자질하는 아이'로 기억에 남을 수도 있습니다.

한 번 오해받은 아이는 '친구의 부탁을 들어주면 곤란해질 수도 있다'라는 생각에 앞으로 친구의 부탁을 매몰차게 거절하거나 피하게 될 수도 있고요. 그러다 보면 친구와의 사이 또한 틀어지기 쉽습니다.

부모님 가이드◦

단체생활을 하다 보면 억울하게 오해받게 될 때가 많습니다. 그냥 받는 오해도 억울한데, 친구 때문에 오해받게 된다면 기분이 어떨까요? 아이들이 친구들과 생활하다 보면 이러한 경우가 많습니다.

"친구 때문에 오해받아 속상했겠다."
"반 친구들 앞에서 선생님께 혼나 억울했구나."

아이의 억울한 마음을 충분히 알아주세요. 그리고 친구를 미워하지 않도록, 자칫 고자질하는 아이로 평가 받지 않도록 상황을 설명해 주세요. 다음은 아이가 이야기하는 상황에 따른 대화의 예시입니다.

"가끔은 오늘처럼 억울하고 속상할 때가 있단다. 그런데 친구가 일부러 너를 혼나게 하려고 한 건 아닐 거야. 수업 시간에 쪽지를 보내거나 딴짓을 하는 것은 잘못된 행동이지만, 그만큼 중요한 할 말이 있었을 수도 있어."

"중요하지도 않은 일인데 너를 통해 쪽지를 건넨 것 같아? 수업 시간에 그러면 안 되는 건데 친구들이 미처 그 생각을 못한 거 같구나."

"당황하면 곧바로 '그게 아니라요'라고 할 수 있거든. 사실 네가 잘못한 게 아니라서 변명이 아니라 사실인데 선생님 입장에서는 변명하는 것으로 보실 수 있어."

"억울하고 속상한 마음에 선생님께 바로 이야기하고 싶었을 거야. 하지만 수업 끝나고 나서 선생님께 말씀드리거나 친구에게 이야기하면 어떨까? 그럼 차분하게 설명하기 좋을 거야."

아이가 타인(선생님, 친구)으로부터 상처 받고 왔을 때

1단계. 아이의 얽히고 맺힌 마음을 알아주고(공감)

2단계. 아이가 상대의 상황을 이해하도록 대화 나누기(역지사지)

3단계. 아이의 마음을 풀고, 상대방 마음도 알기(이해)

아이의 부정적인 감정을 대할 땐 표정을 부드럽게 하고 온화한 말투로 대화하는 게 중요합니다.

"그런 생각이 들었구나. 밉다는 생각이 들 만하네."

상대의 입장을 생각하고 이해할 수 있도록 이야기를 나눕니다.

"그때 친구가 엄청 화가 나 있었는데 마침 너와 이야기하면서 너한테 화풀이를 한 거구나. 네게 나쁜 마음이 있었던 건 아니란 말이지? 그래, 이렇게 예쁜 우리 딸한테 친구가 그럴 리가 없었을 거야."
"선생님이 차별한다는 생각이 들어서 기분이 나빴구나. 엄마라도 기분이 안 좋았겠다."

상황에 따라 "하지만 차별하신 건 아닐 거야"라는 마음이 들도록 합니다.

"선생님이 모든 친구들에게 공평하시겠지만 아이들은 차별한다고 느낄 수도 있을 것 같아. 다른 친구도 우리 ○○ 같은 생각을 하는 경우도 있겠지. 하지만 차별하신 건 아닐 거야."

아이의 말공부

1. (수업 중) 친구의 부탁 거절하기

(짜증 나는 표정으로) "싫어." (×)

→ (고개를 저으며) "안 돼"라며 거절하기 (○)

(수업을 마치고) 친구에게 말하기

"수업 중이라 부탁을 들어줄 수 없었어."

2. 어쩔 수 없이 친구의 부탁을 들어주다 지적당했을 때

"선생님, 저 친구가 그랬어요." (×)

"왜 저한테만 그러세요?" (×)

"야! 네가 시킨 거잖아." (×)

3. 친구로 인해 오해받아 억울할 때

❶ 차분한 말투로 상황 설명하기

"선생님, 친구가 부탁한 쪽지를 건네줬어요."

❷ 선생님과 대화 나누기

"선생님, 드릴 말씀이 있어요."

"아까 친구가 부탁해서 쪽지를 건네주었는데 혼나서 속상했어요."

❸ **친구에게 터놓고 이야기하기**

"쪽지 전해주다가 혼나서 속상했어."

"우리 앞으로 수업 시간에 쪽지 주고받지 말자."

03
당황하거나 얼굴이 빨개졌을 때

"강승현, 승현이가 대답해볼까?"

"…네?"

학교생활을 하다 보면 갑작스럽게 이름이 불려 발표를 하거나 주목 받게 될 때가 있어요. 같은 상황이라도 긴장하지 않고 생각을 당당하게 말하는 아이가 있는가 하면, 자신도 모르게 얼굴이 빨개지면서 말을 더듬는 아이도 있습니다. 어떤 경우엔 그다지 당황하지 않았는데도 얼굴이 붉어지기도 합니다.

어른들이라면 상대방의 얼굴이 달아오른다 해도 모른 척 넘어가는 센스를 발휘하지만 상대방의 입장에서 생각할 줄 모르는 아이들은 아무 생각 없이 놀리기도 해요. 아이들에게는 홍당무가 연상되어 재미있게 느껴질 수 있거든요.

"쟤 좀 봐. 얼굴 빨개졌대요~."

"야, 홍당무!"

가뜩이나 얼굴이 붉어진 것도 부끄러운데 친구들이 입을 모아 놀려대면 더욱 당황스럽습니다. 특히 낯을 많이 가리거나 남 의식을 잘하는 아이에게는 울고 싶을 만큼 당황스러웠던 기억으로 남게 됩니다. 그러면 선생님에게 이름이 불리거나 친구들 앞에 서서 무언가를 발표해야 하는 때마다 당황하게 됩니다.

그런 날이면 수업이 끝나 집에 가는 내내 학교에서 얼굴이 빨개져 친구들로부터 놀림당한 일이 머릿속에서 떠나지 않습니다. 승현이도 그랬어요. 얼굴이 빨개지는 자신이 싫고, 그걸 놀리는 친구들도 미웠거든요. 승현이는 집에 도착하자마자 엄마에게 말합니다.

"엄마, 나 학교 가기 싫어."

"학교 가기 싫다고? 갑자기 무슨 말이야."

"친구들이 놀려."

"어떻게 놀렸는데?"

"몰라."

"혹시 친구들이 괴롭히니? 누가 때렸어?"

"그런 거 아니야."

속상한 마음에 엄마에게 이야기해 보지만 어떻게 설명해야 할지 모르겠습니다. 누군가에게 맞았거나 왕따라도 당하는 건 아닐까 걱정하는 엄마의 모습이 왠지 부담스럽기도 합니다. 얼굴이 빨개졌던 것도 속상한데, 친구들의 놀림에 학교에 가기 싫다는 생각이 든 자신이 바보 같다는 생각이 들기도 하고요. 오늘 있었던 일을 자세히 말하자니 다시 그때가 떠오르면서 가슴이 답답해지는 것 같아 입술만 삐죽이는 승현이에게 엄마는 다시 차분하게 물어옵니다.

"친구들이 어떻게 놀렸는데? 엄마는 궁금해. 엄마랑 이야기하면 풀릴 수도 있는데 말해줄래?"

"오늘 학교에서 선생님이 나한테 뭘 물어봤는데 생각이 안 나서 대답을 못했어. 그랬더니 친구들이 그렇게 쉬운 것도 모르냐고 하면서 놀렸어. 갑자기 발표를 시키니까 나도 모르게 얼굴이 빨개졌는데 친구들이 '홍당무'라고 놀리니까 기분이 안 좋아서 더 빨개져 버렸어. 얼굴이 내 마음대로 빨개진 게 아니잖아. 내일도 나한테 홍당무라고 부르면 어떡해? 학교 가기 싫어."

부모님 가이드

아이 말처럼 얼굴이 붉어지는 건 마음대로 되지 않습니다. 그렇기 때문에 아이에게 "그러게 왜 얼굴이 빨개져서 그래!"라고 말하는 건 의미가 없고, 학교에서 이미 당황스러운 일을 겪은 아이에게 핀잔을 주는 격이 되기 때문에 주의해야 합니다.

부끄러움이 많아 엄마 뒤에 숨은 아이를 앞으로 잡아끌며 "얘가 왜 이래"라고 말하는 것과 같아요. 그때 아이는 자신을 억지로 잡아끈 엄마가 더 밉고 야속하다는 생각이 들거든요.

"고작 얼굴이 빨개진 일 가지고 학교에 가기 싫다는 거야?"라는 말도 도움이 되지 않습니다. 같은 상황이더라도 사람마다 느끼는 것은 다르기 때문에, 아이가 부모 생각과 다르다고 해서 무시하거나 가볍게 말해서는 안 됩니다.

"네가 자꾸 그렇게 휘둘리니까 애들이 놀리지. 홍당무라고 해도 당당해야지."

엄마의 이런 말은 위로가 되지 않습니다. 그런 상황에서 당당하기 어려워요.

'우리 아이가 이렇게 마음이 여려서 어쩌나.'

'얼굴 빨개지는 게 창피한 일이 아닌데…….'

엄마로서 많은 생각이 들 겁니다. 아이에게 "얼굴 빨개지는 건 나쁜 게 아니야", "그리고 무슨 일이 있어도 학교는 꼭 다녀야 해", "이런 걸로 학교 못 가겠다고 하면 앞으로 어떻게 하려고 그래" 등 많은 이야기를 하고 싶겠지만, 우선 아이의 이야기를 진심으로 들어주세요.

엄마: 얼굴이 빨개지는 게 창피한 거야? 아니면 친구들이 '홍당무'라고 놀리는 게 싫은 거야?

아이: 내가 얼굴이 빨개지는 것도 싫고, 친구들이 놀리는 것도 싫어.

화가 나거나 당황하면 체온이 올라가는 등 신체에 변화가 옵니다. 열을 발산하기 위해 피부 혈관이 확장되면서 얼굴이 빨갛게 달아오르게 되는 건데요, 감정을 잘 다스리는 게 우선입니다. 하지만 아이에게 '감정을 다스리는 일'은 당연히 어렵습니다.
이때는 누구나 당황하면 얼굴이 붉어질 수 있다고 설명하며 아이를 안심시켜야 합니다.
"엄마도 당황하면 얼굴이 빨개질 때가 있어. 얼굴이 빨개지면 엄마가 당황한 것을 사람들도 알게 될 거라는 생각에 가면을 쓰고 싶다는 생각이 든 적도 있단다. 그런데 빨개진 얼굴을 숨기고 싶다고 생각하면 이상하게 얼굴이 더 빨개지더라. 엄마는 그럴 때마다 눈을 살짝 감고 '나는 괜찮아'라고 생각하면서 심호흡을 크게 했어. 그렇게 하니 마음이 편안해져 얼굴색이 금방 돌아오더라!"
엄마가 먼저 마음을 열고 자신의 이야기를 들려주면, 아이도 천천히 이야기를 할 거예요.
"엄마, 나는 사람들이 갑자기 나를 쳐다보거나 놀리는 게 너무 싫어."

"놀림당하는 것을 좋아하는 사람은 아무도 없어. 그런데 그때 울거나 씩씩거리면 더 놀림당할 수도 있어. 그럴 땐 '홍당무가 뭐 어때서?'라고 속으로 말하면서 씩 웃어봐."

엄마 또한 당황해서 얼굴이 빨개진 적이 있다고 이야기해줘도 아이가 좀처럼 안도하지 못한다면, 아이가 알 법한 유명인의 일화를 들려주는 것도 좋아요.

"연예인 유재석 아저씨 알지? 너도 좋아하잖아. 웃긴 말도 잘하고 장난도 잘 치는 그 아저씨도 한때 카메라 울렁증이 엄청 심해서 말을 자주 더듬었대. 그래서 상대와 입장을 바꾸어 말하는 연습도 하고 발음도 더 정확하게 하려고 노력도 많이 했대. 우리는 TV 속에 나오는 당당하고 재미있는 모습만 보니 유재석 아저씨가 그런 성격인지 전혀 몰랐잖아. 지금은 선생님이 갑자기 이름을 불렀을 때 당황스러워서 얼굴이 빨개지지만, 언젠가는 승현이도 씩씩한 표정으로 대답을 잘할 날이 올 거야. 가끔 친구들이 놀려도 '하하' 웃을 수 있을 테고. 그리고 얼굴 좀 빨개지면 어때! 얼굴이 빨개지는 건 나쁜 일이 아니란다."

수줍어하거나 당황한 아이에게 하면 안 되는 말

"그러게 왜 얼굴이 빨개져서 그래."(×)

"그런 것 가지고 왜 부끄러워해."(×)

"친구들이 놀리는데 바보처럼 가만히 있었어?" (×)

"그런 걸로 학교 가기 싫어하면 어떡하니?" (×)

아이의 (말공부)

❶ 아이들이 홍당무라고 놀렸을 때 씩씩거리거나 우기지 않기

"왜 놀리고 그래."(×)

"아니거든. 안 창피하거든. 안 빨개졌거든."(×)

'(마음속으로) 내 얼굴이 빨개졌구나. 이럴 때일수록 당황하지 말자' 인정하고 침착하기

❷ 어깨와 허리 펴고 고개를 반듯하게 들기

- '태도도 말이다'라는 것을 기억하기
- 고개 숙이고 울먹거리는 표정 짓지 않기
  (마음속으로) '고개를 숙이거나 친구들을 쏘아보면 더 놀림 받을 수 있어.'

❸ 할 말을 천천히 또박또박하게 하기

- 당황할 때 말이 빨라질 수 있으므로 천천히 말하기
- 만약 생각이 안 난다면 선생님께 예의 있게 말하기
  "선생님, 지금은 생각이 안 나요. 생각나면 말씀드릴게요."

04
친구에게 실수했을 때

살다 보면 누구나 실수를 하기 마련입니다. 어른들에 비해 미숙한 초등학생의 경우 학교생활을 하다 보면 친구에게 실수하게 될 때도 많은데, 사과하는 과정을 통해 반성하며 한뼘 한뼘 성장해 나갈 수 있어요.

의도치 않게 학교에서 실수를 하는 바람에 친구에게 피해를 준 연아는 종일 시무룩합니다. 집에 와서도 좀처럼 기분이 나아지지 않았는지 좋아하는 간식을 먹는데도 표정이 어두워요. 연아의 모습이 평소와 다르다는 것을 알아차린 엄마는 오늘 있었던 일에 대해 묻습니다.

"우리 연아, 얼굴이 많이 어두워 보이네. 오늘 학교에서 무슨 일 있었어?"

"응, 그냥 뭐……."

"무슨 일이 있었는데? 이런 표정으로 간식 먹는 거 엄마는 처음 봐. 궁금하기도 하고 걱정도 되네."

"오늘 무슨 일이 있었냐면……."

성격이 활발해 친구들이 많은 연아는 여느 때와 같이 쉬는 시간을 즐기며 깔깔 웃고 있었습니다. 수업 시작을 알리는 종소리가 울리고, 선생님이 들어오자 어제 내주신 숙제가 생각났어요. 다행히 숙제를 한 연아는 주변을 둘러봤습니다. 송희는 숙제를 깜빡했는지 당황스러운 표정을 짓고 있었습니다.

"송희야, 너 오늘 숙제 안 했어?"

송희에게만 들리게 말한다고 했는데, 목소리가 컸는지 선생님에게도 들렸나 봐요. 그 바람에 숙제 검사할 생각이 없으셨던 선생님은 연아의 말에 숙제 검사를 하기 시작했습니다.

"어제 내준 숙제를 깜빡할 뻔했네. 선생님이 말 안 하면 너희가 먼저 알려줘야지. 숙제 안 한 사람 일어나. 선생님이 돌면서 검사할 거니까 알아서 일어나기."

선생님은 웃으시며 가볍게 말씀하셨고, 숙제 안 한 아이들이 크게 혼나지도 않았지만 송희는 매우 속이 상했습니다. 연아의 말 때문에 송희는 숙제 안 한 것을 지적 받게 됐으니까요. 송희는 선생님 귀에 들리지 않게 작은 목소리로 "함연아, 네가 말해서 선생님한테 혼났 잖아"라고 얘기하며 서운한 마음을 표현합니다.

'송희 혼나게 하려고 말한 건 아니었는데……'

연아는 너무 미안하고 민망해 시무룩해졌습니다.

"엄마, 내가 일부러 그런 게 아니라 나도 모르게 송희한테 숙제 안 했냐고 말한 건데 그 말을 선생님이 들으실 줄 몰랐어. 원래 숙제 검사를 안 하시려고 했는데 송희가 나 때문에 곤란해졌어. 오늘 하루 종일 송희가 나를 쳐다보지도 않고 말도 안 해."

"아, 그런 일이 있었구나. 송희가 민망했겠다. 그러니까 조심하지. 너는 나쁜 뜻으로 한 말이……"

엄마의 말이 끝나기도 전에 연아가 엉엉 울면서 방으로 뛰어 들어가 버렸습니다.

아이의 마음 어루만지기가 우선

"너, 평소에 목소리 크다고 했지." "네가 나쁜 뜻으로 한 건 아니어도 친구를 곤란하게 했네." "어휴 잘했다 잘했어. 그러니까 조심해야지." 이런 말들은 친구를 곤란하게 만들어서 미안하고 속상한 우리 아이에게 아무런 도움이 되지 않습니다. 아이가 부모에게 자신의 문제를 말할 때 용기가 필요합니다. 아이는 엄마가 조목조목 짚어주지 않아도 자기 잘못을 압니다. 이때는 그 무엇보다 엄마의 공감이 필요합니다. 아이 친구를 생각하기 전에 우리 아이의 마음 어루만지기가 우선입니다.

"어머, 송희가 곤란했겠다."(×)
"저런, 그런 일이 있었구나. 그래서 우리 연아가 너무 민망(속상)했구나."(○)

우리 아이가 잘했다는 의미가 아니라, 지금 힘든 아이의 마음을 어루만져야 다음 단계로 부드럽게 나아갈 수 있습니다.

만약 아이의 실수를 공감하기 어려운 상황이라면 "어, 그랬구나"라고 해주세요. 그런 다음 대화로 상황을 파악하며 아이에게 적절한 말공부를 가르칩니다.

엄마: 그래서 숙제 검사하고 나서 어떻게 됐어?
아이: 숙제 안 한 친구 5명이 있어서 다 혼났어. 그래서 나를 미워해.
엄마: 5명이나? 그랬구나. 네 의도는 그게 아니었는데……. (엄마의 공감)
아이: 맞아, 그럴 생각 없었는데. 그런데 엄마, 내가 송희한테 어떻게 해야 돼?
엄마: 넌 어떻게 하고 싶은데?
아이: 미안하다고 하고 싶은데, 송희가 쳐다도 안 보면 어떡해. 내

사과도 안 받아주면 어떡해. (아이의 걱정)

부모님 가이드

아이의 걱정, 엄마의 생각, 아이의 예상 등을 함께 생각해보고 이야기 나누었으니, 이번에는 같은 실수를 반복하지 않는 방법과 사과의 말에 대해 알아보겠습니다.

먼저, 1:1로 이야기할 때는 그 아이에게만 들릴 수 있는 목소리로 해야 한다는 것을 강조해 주세요. 초등학교 저학년 아이들의 경우 자기 목소리를 알맞게 조절한다는 게 쉬운 일이 아닙니다. 앞에 나가면 목소리가 작아지면서 둘이 말할 때는 지나치게 목소리가 커지는 것처럼요. 이번 기회에 목소리 조절에 대한 이야기를 합니다.

목소리 크기 조절

"많은 사람이 모인 곳에서 한 사람에게 말할 때는 다른 사람에게 들리지 않도록 목소리 크기를 줄여야 해."

"비밀 이야기가 아니더라도 목소리 크기를 조절해야 할 때가 있단다."

"목소리 조절을 잘 못하면 본의 아니게 남에게 피해를 줄 수 있단다.'"

아이의 고민과 아이가 생각하는 해결법을 파악해야 적절한 조언을 해줄 수 있습니다. "화난 친구에게 어떻게 말 걸어야 할지 모르겠어"라고 말한다면 토라진 친구에게 부드럽게 다가가며 사과하는 방법에 대해 이야기합니다.

사과하는 방법에 대해 생각해보기

"친구에게 어떻게 사과하는 게 좋을까?"
"같은 사과라도 어떻게 얘기하느냐에 따라 달라질 수 있어."
"엄마가 지난번에 네 인형을 잘못 세탁해서 토끼 귀가 구겨졌을 때, 너에게 어떻게 사과했었지? '연아가 아끼는 소중한 인형을 세탁하다 조금 망가졌어. 네가 좋아하는 인형이라 깨끗하게 빨아주려는 마음이었는데 엄마 실수로 귀가 구겨졌네. 미안해'라고 했던 거 기억나?"
"눈을 보면서 말로 사과하는 것이 부끄럽다면 편지를 쓰거나 카톡을 보내는 것도 좋아."

"네가 송희 입장이라면 연아가 어떻게 사과하면 좋겠니?" 등 '만약 너라면~'으로 사과하는 방법을 찾아보는 것도 좋습니다. 사과하고 싶지만 용기를 내는 것이 어려울 수 있어요. 상대가 사과를 받아들이지 않더라도 사과는 해야 합니다.
"만약, 송희가 사과 안 받아주면 어떡해?"라고 걱정한다면 그건 송희의 몫이고, 연아가 할 일은 사과하는 것이라는 것도 가르쳐 주세요. 실수에 대해 인정하고 사과를 했다는 것으로 최선을 다한 거니까요.

이제 아이와 사과의 말을 연습해 볼까요. 아이가 "그럴 마음은 아니었는데 어쨌든 미안해"라는 식으로 어정쩡한 사과를 하다 괜한 오해를 사지 않도록 해주세요. 자신의 실수를 용기 있게 말하고 확실히 사과한다면 비 온 후에 땅이 굳어지듯 우리 아이의 마음도 전하고 친구의 마음도 얻을 수 있지 않을까요? 역할놀이를 하면서 연습해 보세요.

진심을 전하는 사과의 말

1단계. '무엇'

"송희야, 네가 숙제 안 한 걸 들키게 한 것 사과하고 싶어."

2단계. '설명'

"네가 혼나도록 선생님께 이르려던 게 아니야. 너에게만 들리게 말한다는 게 목소리가 너무 컸나봐. 선생님까지 들으실 줄은 몰랐어."

3단계. '사과'

"송희야, 내가 정말 미안해."

아이의 말공부

1단계. 사과할 내용을 정리해 짧게 말하기

내 의도는 그게 아니었다는 것만 말하면 사과가 아니라 '변명'으로 들리니 무엇을 잘못했는지, 무엇을 미안해하는지 '무엇'을 정확히 담아서 짧게 사과해요.

"○○야, 선생님께 꾸중 듣게 해서 미안해."

2단계. 내 생각은 그런 게 아니었다는 것을 이야기하기

짧게 사과만 하고 이유를 말하지 않으면 마음이 전달되지 않으므로 정성을 담아 상황을 설명합니다.

"변명으로 들리겠지만 내 마음은 그게 아니었어. 그 일은……."

3단계. 누가(내가) 무엇을(실수한 내용) 미안해하는지 다시 한 번 표현하기

- "어쨌든 미안해" 식으로 말하지 않고 앞의 내용을 정리해 다시 한 번 미안한 마음을 확실하게 표현합니다.
- "○○야, 내가 실수로 그랬어도 너를 곤란하게 해서 정말 미안해." 경우에 따라 "다음엔 조심할게"를 넣어 진심으로 말해요.

05
왕따 당하지 않는 대화법

왕따. 듣기만 해도 부모님의 마음이 덜컹 내려 앉는 말입니다. '세 사람만 모여도 정치가 시작된다'는 말처럼 여러 사람이 모이면 서로 취향도 다르고 뜻도 달라 의견 대립을 하기도 하고 무리가 나뉘면서 소외감을 느끼는 사람도 생겨나게 됩니다.

어떤 무리에서 따돌림을 당하거나 심하게는 괴롭힘을 당하는 사람을 왕따라고 일컫는데요. 특정 친구나 집단의 주도로 왕따를 당하는 경우가 있는가 하면, 친구들과 성향이 잘 맞지 않아 소외 당하고 무시 당하면서 은근하게 왕따를 당하는 경우도 있습니다. '은근하게 왕따 당한다'고 해서 '은따'라고 합니다. 친구들의 이야기에 혼자 속상해하고 오해하며 스스로 친구들로부터 고립시키는 '스따'도 있습니다. 스따 아이들을 보면 남 탓을 많이 합니다.

혹시 우리 아이가 스스로 '왕따 당한다'고 느끼는 경우는 없을까요? 친구들의 말을 억측하며 혼자 상처 받는 아이는 자신도 모르게 친구들을 밀어내며 자신을 고립시킵니다. 이런 경우 아이는 소중한 학창 시절에 친구들과 어울리고 때로 갈등을 해결하면서 배우는 모든 것을 놓치게 됩니다. 왕따를 시키려고 해도 왕따 당하지 않게 해야 합니다. 아이 스스로를 고립시키는 일도 없어야 합니다. 친구들의 말과 행동에 아이가 어떻게 대처하는가에 달려 있습니다. 친구의 말을 지나치게 예민하게 받아들이는 건 아닌지도 생각해봐야 합니다.

외모나 옷차림 등 겉모습 때문에 왕따가 되는 경우도 있지만, 미움을 사는 어떠한 말투나 행동 때문에 왕따가 되는 경우도 많습니다. 우리 아이가 친구들 사이에서 왕따 당하지 않게 하는 법, 다른 친구를 따돌려도 안 된다는 인성까지 가르칠 수 있는 비법은 바로 엄마와의 말공부입니다. 어떤 말공부가 필요한지 선영이의 이야기를 통해 알아볼까요?

선영이는 오늘 눈에 띄는 머리띠를 하고 왔습니다. 엄마와 함께 산 커다란 리본이 달린 머리띠였어요. 몇 번을 고르고 골라 산 머리띠입니다. 너무 예뻐서 밤에 잠도 안 올 지경이었어요. 머리띠가 돋보이도록 머리도 예쁘게 묶었습니다. 기분 좋게 등교하는 선영이에게 민지가 다가옵니다.

"선영아, 그 머리띠 뭐야? 혹시 엄마 거야?"

민지의 말에 선영이는 무척이나 당황했지만 예전에 엄마가 해준 말이 떠올랐어요.

"혹시 외모나 네 차림에 대해서 누군가 이상하게 말하면 바로 말하지 말고 침착하게 반응하렴. '음' 하고 1초만 생각하는 시간을 가지면 생각할 수도 있고 친구가 다음 이야기를 할 수도 있으니까 실수하지 않을 거야."

그런데 그날은 엄마의 당부를 떠올렸음에도 당황스러웠습니다. 리본 머리띠는 엄마 것이 아니라 선영이가 고르고 고른, 아주 마음에 드는 머리띠였거든요. 속상해서 눈물이 날 것 같았습니다. 하지만 잠깐 생각한 뒤에 민지에게 말했습니다.

"민지야 왜? 이 머리띠 엄마 거 아니고 내 건데?"

"아, 엄마 거 아니야?"

민지는 짧게 받아친 뒤 쌩하고 가버렸어요. 민지가 왜 그렇게 물어봤는지는 알 수 없어요. 민지가 '놀리려고' 그랬던 걸까요? 아니면 머리띠에 대해 '궁금했던' 걸까요? 나중에 알고 보니 '내가 직접 고른 머리띠인데, 엄마 거냐고 묻다니 지금 나를 놀리는 건가? 엄마들이 하는 머리띠 같다는 뜻인가?'라는 생각은 순전히 선영이만의 생각이고 추측이었어요. 민지는 샘이 났던 거예요. 그 머리띠를 한 선영이가 부러웠던 거죠.

부모님 가이드。

다행히 선영이는 평소 엄마가 가르쳐준 말이 있어 아주 많이 당황하거나 뾰족하게 대응하지는 않았어요. 만약에 선영이가 울먹이며 "너 왜 그래! 엄마 거 아니야"라고 했으면 어땠을까요? 아마 민지의 생각대로 됐을지도 모릅니다. 사실 민지는 선영이가 예쁘고 잘 꾸미고 다니는 것이 굉장히 질투 났거든요. 그래서 선영이가 한 액세서리라든가 헤어스타일 등에 대해 비꼬듯 말할 때가 있었습니다.

아이들에게 왕따를 당하는 경우, 왕따를 시키는 친구들이 큰 문제지만, 당하는 친구들의 말투나 행동 등에 대해서도 생각해봐야 합니다. 친구의 말에 곧바로 과민하게 반응하거나, 토라지거나 울거나 소리를 지르거나 선생님께 이르는 아이는 아닌지 말입니다. 아이들 눈에 그런 아이는 '놀리기 딱 좋은 대상'입니다. 건드리면 바로 (아이들 수준에서 재미있는) 반응이 나오니까요. 하지만 아이가 좀 더 의연하고 느긋하게 반응을 하면 이야기는 달라집니다.

반응 1. "야, 그러지 마. 엄마한테 이를 거야."
반응 2. "그렇게 생각했구나."

"그만해." "너희는 재미있어도 나는 재미없어" 하며 용기 있게 말할 줄 알아야 합니다.

이런 아이는 또래 아이들에게 함부로 건드리면 안 되는 친구가 됩니다. 만약 우리 아이가 왕따를 당하고 있다고 가정해볼까요? 왕따를 당하는 아이 중에는 아이 스스로 '당한다'라는 생각을 하고 있는 경우가 있습니다. 상대방이 별생각 없이 한 말에도 유난히 상처를 잘 입는 아이도 있어요.

선영이의 경우는 엄마가 평소에 선영이와 대화를 충분히 한 덕분에 현명하게 대처할 수 있었어요. 초등학생이 되면 아이들은 제법 편을 가르거나 삼삼오오 짝을 지어 자신들의 무리에 있지 않은 다른 친구를 공연히 배척하기도 합니다.

학창 시절을 생각해보면 아무것도 아닌데, 그 당시에는 정말 학교도 가기 싫고 학업에도 흥미가 뚝 떨어지는 경험을 우리 부모님들도 한 번쯤은 했을 거예요.

선영이의 엄마도 어렸을 때부터 섬세하고 예민한 성격이어서 누가 자신에게 조금만 뭐라고 해도 오랫동안 속상해하는 성격이었거든요. 그래서 엄마는 선영이와 '이런 대화'를 자주 나눴습니다.

당황하지 않고 현명하게 대처하는 연습

"만약 친구가 네 외모에 대해서 안 좋게 말하면 기분이 어때?"

"당황하면 넌 어떤 반응을 해?"

"만약 네가 당황하는 모습을 보이면 (의도하지 않은) 그 친구는 어떤 생각이 들까?"

"그 친구가 너 당황하는 모습을 보려고 일부러 그랬는데, 네가 당황한다면 더 재밌어하지 않을까?"

만약 민지가 선영이를 당황스럽게 만들 목적으로 어떠한 행동을 했다면, 당황하는 선영이의 모습에 속으로 쾌재를 부르며 더 놀리려고 했겠지요.

선영이 엄마처럼 평소에 아이와 '왕따'에 대한 이야기를 나눈다면 어떨까요? 아이들은 죄의식 없이 재미 삼아 친구들을 따돌리기도 합니다. 왕따 없는 학교를 만드는 것이 우선이지만 우리 아이가 혹시라도 따돌림의 대상이 되지 않도록, 친구들이 그런 장난을 치더라도 받아칠 수 있도록 엄마와의 말공부를 통해 미리 연습하는 것도 중요합니다.

우리 아이가 왕따가 되었을 때, 부모가 해줄 수 있는 것은 아이를 따라다니며 가해자를 막아주는 것이 아닙니다. 우리 아이가 그런 상황으로부터 스스로를 지켜낼 수 있도록 알려주세요. 말도 연습해야 합니다. 갑작스런 상황에서 의연해지기란 쉽지 않아요. 아이와 부모님이 반복, 연습, 반복, 연습을 하는 만큼 효과가 있습니다. 말만큼 습관의 효과가 큰 것도 없으니까요.

아이의 말공부

❶ **친구가 놀릴 때, 바로 반응을 보이지 않고 친구를 쳐다보기**
- 당황이 되더라도 침착하기
- 째려보거나 씩씩거리지 말고 어깨 펴기

"야야, 쟤 좀 봐. 울려고 해"라고 하더라도 "야, 내가 언제? 나 안 울거든."(×)

'(마음속으로 세 번 말하기) 침착하자. 침착하자. 침착하자.' (○)

❷ **친구가 직접 말하기 전까지는 마음대로 짐작하지 않기**
- "야, 뭐? 내 머리띠가 어때서? 이거 엄마 거 아니거든?" (×)
- (다 듣고 친구에게) "왜 그렇게 생각했어?"라고 물어보기 (○)

❸ **친구가 말한 내용에 대해 생각해보고 대답을 결정하기**

"아, 그랬구나."

"그래 잘 들었어. 네 말에 대해 생각해볼게."

06
내성적인 아이의 친구 사귀기

'우리 아이가 내성적이길 바라나요, 외향적이길 바라나요?'라고 했을 때 '내성적이었으면 좋겠어요'라고 대답하는 부모님은 거의 없습니다. 어딜 가나 당당하게 행동하고 많은 사람들 틈에서도 손해 보지 않으려면 외향적이어야 한다고 생각하니까요. 외향적인 성격이 환영 받는 만큼 내성적인 성격은 제대로 된 평가를 받지 못합니다.

'소심해 보인다.'

'당당하게 자기주장을 못 펼치니 주관이 없어 보인다.'

'결단력이 부족해 보인다.'

하지만 어떠한 행동을 하기까지 오랜 시간이 걸리는 이유가 결코

주관이 없거나 결단력이 부족해서는 아니에요. 오히려 신중하고 배려심이 많아서 그렇습니다. 실수하고 싶지 않다는 생각에 경우의 수를 다양하게 두거나, 자신의 행동이나 말로 인해 누군가가 상처를 받을까 많은 생각을 하는 거죠. 세심하고 생각이 깊은 아이라서 더 많은 격려가 필요합니다.

특히 친구 사귀기나 여러 사람들과 어울리는 것을 어려워하는 아이에게는 "친구 사귀어라", "애들이랑 어울려 놀아라"라는 말을 하기 전에 무엇을 걱정하는지, 어떤 부분이 어려운지 아이의 마음에 귀 기울여 주셔야 합니다. 그러면 아이가 자신이 원하는 것을 스스로 찾아낼 거예요.

내성적인 서하는 오늘도 시무룩합니다. 친구들 틈에 껴서 '하하호호' 웃으며 즐겁게 놀고 싶지만 다가가는 게 쉽지 않거든요.

'친구들이 나한테 같이 놀자고 말해주면 참 좋을 텐데……'

서하는 친구들에게 '나에게 말을 걸어줘'라는 텔레파시를 계속 보내지만 그 마음을 친구들은 알 리 없습니다.

"나도 너네랑 같이 놀아도 돼?"라고 물어보거나 "무슨 얘기하고 있는 거야? 재미있는 얘기 같은데?" 하며 자연스럽게 다가가면 친구들과 어울릴 수 있겠지만, 서하의 머릿속은 복잡하기만 합니다.

'같이 놀자고 했는데 안 된다고 하면 어떡하지?'

'무슨 얘기 중이냐고 물었는데 쌀쌀맞게 대답하면 눈물이 날지도 모르는데……'

'친구들이 재미있게 노는데 괜히 내가 가서 방해하는 거면 어쩌지?'

'우리끼리 얘기하는데 너 왜 왔냐고 물으면 뭐라고 대답하지?'

생각이 많은 서하는 머뭇거리다 결국 집에 돌아옵니다.

돌다리가 깨질 정도로 두드려보는 '머뭇거림'은 아이 스스로도 자신이 사소한 말에 상처를 잘 받는다는 것을 알기 때문에 조심하려는 심리일 수 있어요. 이런 아이에게 "친구들한테 네가 먼저 가서 말을 걸어야지. 맨날 기다리기만 하면 언제 친구 사귈래?"라는 말은 도움이 되지 않습니다. 내성적인 우리 아이에게 친구 사귀는 말, 어떻게 알려주면 좋을까요?

부모님 가이드。

친구들과 함께 어울리고 싶으면 "같이 놀자"는 말을 먼저 걸 수 있는데 내성적인 아이는 다른 아이들 반응을 겁내다가 아무것도 하지 못한 채 집에 돌아와 "엄마, 친구들이 나만 빼놓고 자기들끼리만 재미있게 말했어"라고 이야기할 수 있어요. 학교에 다녀온 아이가 "엄마, 친구들이 이야기할 때 내가 가서 끼어도 돼?"라고 묻는다면 어떻게 대답하시겠어요? 아마 걱정이 되실 겁니다.

'이렇게 내성적이어서 어떡하지!'
'학교에 친구도 없나?'
'나이가 몇 살인데 친구들이 얘기할 때 끼어들지도 못한단 말이야?'

이런저런 생각으로 속상해진 엄마는 아이를 아프게 하는 말만 할 수도 있어요.

"그럼 너 여태 친구들이 얘기할 때 어떻게 했어? 끼어들지도 못했어? 그 성격 고치라니까. 아휴 속상해."

가뜩이나 속상한 아이는 그나마 부모님과 소통하려던 것도 불통이 되어버리니 밖에서도 안에서도 자기 마음을 털어놓을 사람이 없다는 생각이 듭니다. 이제 아이와 말공부를 시작해 보겠습니다.

엄마: 너만 빼놓고 친구들이 재미있게 얘기하는 거 같아?
아이: 응, 엄마.
엄마: 그럴 땐 어떻게 하면 될까? 넌 어떻게 하고 싶어?
아이: 가서 "무슨 이야기하는 중이야?"라고 말 걸고 싶은데 잘 안 돼.
엄마: 잘 안 돼? 말이 잘 안 나와? 만약 네가 가서 말을 걸면 친구가 어떤 반응을 보일 거 같아?
아이: 글쎄, 싫어하지는 않을 것 같은데?

이런 대화를 나누며 아이의 생각에 접근하는 것이 좋습니다. 아이는 어떻게 해야 할지 몰라서 망설이고 있는 것일 수 있거든요.

참 답답해 보이지만, 이런 일은 어른들 사이에서도 종종 일어날 수 있는 일입니다. 막상 그 그룹에 들어가 보면 별일도 없는데 멀리서 바라보면 뭔가 더 재미있는 일이 일어난 것 같을 때가 많잖아요. 성격에 따라 어떤 그룹에 쉽게 끼는 사람이 있고, 멀찌감치 지켜보며 마음만으로 원하는 사람도 있을 겁니다.

아이들도 마찬가지입니다. 아이마다 원하는 게 있을 거예요. 부모님께서 "이렇게 해. 그래야 사회성이 좋아지지. 왜 이렇게 성격이 소심해"라고 말하지 말고 대화를 통해 아이가 원하는 것을 짚어나가는 겁니다. 그러다 보면 아이의 마음을 알게 되고 아이도 자신이 원하는 것을 더 정확하게 파악할 수 있게 됩니다.

"엄마, 생각해보니 친구들은 친구들이고 나는 나 같아."
"다음에 놀고 싶으면 가서 얘기하고 아니면 나는 책 보는 것도 좋아."
"엄마, 친구가 여러 명인 것도 좋지만 나에게는 마음이 잘 맞는 진수와 하진이가 있잖아."

중요한 것은 아이가 어떤 이야기를 했을 때 부모님이 답을 주는 게 아니라, 아이가 원하는 것을 찾을 수 있도록 대화로 이끌어 주시는 겁니다. 아직 아이는 자기가 뭘 원하는지 표현하기 어렵고 생각 또한 막연할 수 있어요. 그걸 구체화할 수 있도록 대화하는 것. 그것만으로도 충분히 도움이 될 수 있습니다.

〈TIP〉 아이가 친구들과 어울리고 싶어 할 때

1. 아이가 원하는 게 무엇인지 잘 들어주세요.
2. 아이 마음을 끄집어낼 수 있도록 적절히 질문합니다.
   "그때 너는 어떻게 하고 싶었는데?"
   "어떻게 하면 좋을 거 같아?"

친구들과 어울려 노는 것만 좋은 것이 아닙니다. 아이에 따라 친구들이 노는 모습을 지켜보거나, 혼자 놀이하는 것이 더 편하고 좋을 수 있어요.
"어떻게 하면 친구들에게 말을 잘 걸 수 있는지 엄마랑 연습해볼까?"라고 물은 뒤, 아이의 의사에 따라 구체적으로 대화하는 법을 연습해보세요.

아이가 친구들과 함께 놀고 싶어 한다면

"친구들한테 가서 '얘들아 안녕, 무슨 놀이하는 거야? 되게 재미있어 보인다. 나도 같이 해도 될까?'라고 물어보는 건 어때?"

친구들이 모여 재미있게 노는 모습이 부럽지만 괜찮다면
혹은 엄마와 말하는 걸로 해소가 된다면

"엄마와 이야기 나누고 괜찮아졌다니 다행이다."
"친구들과 꼭 어울려 놀아야 되는 것은 아니야. 혼자 노는 것이 이상한 것도 아니고. 무엇보다 네 마음이 중요하단다. 친구들과 함께 어울리고 싶다면 가서 말을 걸면 되고, 노는 모습을 보는 걸로도 만족스럽다면 그것도 괜찮아."

아이의 말공부

❶ 스스로 마음 점검해보기

자신에게 물어보기

'친구들과 놀고 싶어? 아니면 친구들이 노는 게 보기 좋고 부러운 거야?'

'함께 노는 모습이 부럽지만 같이 노는 건 부담스러워. 혼자 책 보거나 그림 그리고 스티커 붙이면서 노는 게 더 좋아.'

❷ 엄마에게 도움 청하기

"엄마, 친구들이 노는 모습이 보기 좋았어요."
→ "그런데 나한테 같이 놀자고 말해주지 않아서 서운했어요."
→ "엄마, 그럴 때 어떻게 말을 걸면 좋을까요?"

❸ 친구들과 함께 놀고 싶을 때

다가가서 이야기하는 것 연습하기

"얘들아, 안녕? 같이 놀아도 될까?"

"무슨 얘기를 그렇게 재밌게 해? 나도 껴줘."

친구들에게 주목 받는 것이 부담스럽다면 그중에서 가장 편한 친구에게 말 걸기

"나도 너희랑 같이 놀고 싶어."

❹ 친구들 무리에 다가갈 용기가 나지 않을 때

'나중에 같이 놀자고 해야지'라고 마음을 다독이며, 하고 싶은 활동 하기

❺ 친구들에게 거절당했을 때

'저 친구들끼리 통하는 무언가가 있나 보다', '나와 마음이 잘 맞는 다른 친구가 있으니 속상해하지 말자'라고 생각하며 다른 것으로 관심 돌리기

07
믿음직한 친구가 되는 법

예림이는 최근 고민이 생겼습니다. 같은 반 친구 도연이는 재미있는 이야기를 잘하고 말도 잘 들어주어 친구들이 많아요. 그런데 문제가 생겼어요. 도연이가 학교에서 이야기보따리를 풀어내다가 해서는 안 되는 말을 한 겁니다.

얼마 전 하늘이가 도연이에게 "나, 요즘 영지가 싫어"라고 말한 것을 친구들이 모인 자리에서 "하늘이가 영지, 너 싫다고 하더라"라고 (실수로) 말해버린 거예요. 그 말을 들은 영지는 얼굴을 찡그리며 무슨 말이냐고 캐물었어요. 그리고 나중에 이 사실을 알게 된 하늘이는 도연이에게 깊은 배신감을 느꼈고, 영지와도 서먹해져 버렸습니다.

"엄마, 그래서 애들이 도연이를 피해. 도연이도 하늘이도 영지도

다 같은 반 친군데 내가 어떻게 해야 할지 모르겠어."

"예림이 마음이 참 복잡하겠다. 실수한 도연이도, 속마음이 공개된 하늘이도, 하늘이의 마음을 알게 된 영지도 모두 속상하겠어."

"응, 그래서 고민이야. 도연이가 불쌍하면서도 비밀을 지켜주지 않았다는 생각에 좀 빼 보이기도 해."

"그런 생각이 들 수 있지. 단둘이 어울릴 때보다 셋 이상의 친구들과 어울릴 때 그런 일들이 자주 벌어지거든. 그래서 비밀은 가까운 친구한테도 털어놓지 않는 것이 좋아. 남의 비밀은 듣지 않는 것이 좋고, 무엇보다 그 자리에 없는 사람의 얘기는 하지 않아야 해. 엄마가 학교 다닐 때 이런 일이 있었는데 들어볼래?"

어린 시절 엄마(미연)에게는 주희와 선주라는 친구가 있었어요. 미연이는 선주에게 얼마 전 주희네 집에 놀러 갔던 일을 얘기합니다.

"나 어제 주희네 집에 갔었는데, 새로 산 인형들이 많더라. 그리고 예전보다 방도 훨씬 더 예쁘게 꾸몄더라고. 주희가 부러웠어."

"너 어제 주희네 집에 갔었어?"

"응, 갑자기 가게 됐는데 재미있었어!"

선주는 너무 속상합니다. 어제 주희랑 만나기로 했는데, 주희가 바쁜 일이 있다며 다음에 놀자고 했거든요. '거짓말로 바쁜 일 생겼다고 한 건가?', '미연이랑 단둘이 놀고 싶었나?', '나보다 미연이가 더 좋은 건가?', '미연이는 왜 나한테 이런 말을 해서. 짜증 나.'

마음이 복잡합니다. 그런데 알고 보니 주희는 그날 부모님과 친척 집에 가기로 했던 일이 취소됐고, 길에서 우연히 미연이를 만나 집에 간 거였어요. 미연이의 말만 듣고 선주는 오해를 한 거죠.

미연이의 말 한마디가 큰 오해를 부른 겁니다. 그날 이후 선주는 며칠 동안 주희의 말에 대꾸도 하지 않고 쌀쌀맞게 대했습니다. 일주일 정도 지나, 오해였던 걸 알게 됐지만 예전보다는 조금 서먹해졌어요.

엄마의 이야기를 들은 예림이는 잠시 생각에 잠깁니다.

"맞아 엄마, 얼마 전에 이런 일이 있었어. 다른 반 아이가 내 친구한테 "야, 너희 부모님 엄청 싸우신다며?" 이러더라고. 알고 보니까 내 친구 집에 놀러갔던 아이가 다른 애들한테 다 말한 거야. 그래서 둘이 지금 말도 안 한대."

부모님 가이드。

우리 아이가 3명 이상의 친구를 사귈 때는 특히나 말을 조심해야 합니다. 여러 명의 친구들이 늘 함께 다니는 것이 아니라 어떨 땐 두 명, 세 명, 다시 두 명씩 짝 지어 다니게 되는 경우가 많거든요. 그러다 보면 자리에 없는 친구 이야기를 할 수도 있는데, 좋은 의미든 그렇지 않든 그 자리에 없는 친구 이야기는 하지 않아야 한다는 걸 가르쳐줘야 합니다. 그 자리에 없는 사람에 대해서 한 말이 '칭찬'이었다고 하더라도 당사자는 불쾌할 수 있거든요.

'세 사람만 우겨대면 없는 호랑이도 만들 수 있다'라는 옛말이 있습니다. 세 사람이 입을 모아 같은 이야기를 하면 소문이 되고, 그 소문이 사실인 것처럼 떠돌 수 있다는 의미입니다. 몇 마디 말들이 소문을 만들면 그 소문으로 인해 피해 보는 사람이 생겨나기 마련입니다.

그 자리에 있는 사람들은 재미있게 말했을지 모르지만 누군가는 '도마 위에 오른 생선'이 될 수도 있어요. 그 자리에 없던 사람은 어떤 내용이었든 자기 이름이 거론된 것 자체만으로도 기분이 안 좋을 수 있습니다. 아이에게 다양한 경우를 알려주며 구체적으로 설명해 주세요.

자리에 없는 친구에 대해 이야기하지 않기

"칭찬이더라도 주의해야 한단다. '너 없는 자리에서 칭찬한 거야'라고 했을 때 '그래? 진짜 칭찬은 뒤에서 하는 거라던데?'라며 좋아하는 친구도 있을 수 있지만 '그게 칭찬이라도 내가 없는 자리에서는 내 이야기를 안 했으면 좋겠어' 하면서 기분 나빠하는 친구도 있거든."

"친구들마다 성격이 다르고 받아들이는 것도 다르기 때문에 그 자리에 없는 사람 이야기는 하지 않는 게 좋아."

"그 자리에 없는 사람 이야기는 '뒷담화'가 될 수 있어. 뒤에서 수군수군 이야기하는 느낌이라 아주 안 좋은 거란다. '뒷말' 자체가 부정적인 의미를 가지고 있기 때문에 뒤에서 이야기한다는 것 자체만으로도 험담으로 보일 수 있어."

우리 아이가 많은 친구를 사귀고 교류하면서 배워야 할 처세술이 있어요. 사회생활을 하다 보면 때로는 의도치 않게 오해받을 수도 있습니다. 그것을 최소화하도록 부모님이 가르쳐 주면 우리 아이뿐만 아니라, 다른 아이도 아프지 않게 하며 다양한 사람들과 원만하게 지낼 수 있습니다.

믿음을 주는 친구 되는 법

1. 남의 험담은 절대로 하지 않아요.
2. 그 자리에 없는 사람의 말은 하지 않아요.
3. 누군가와 있을 땐 함께 있는 사람에게만 충실해요.

아이의 말공부

❶ 누군가가 없는 자리에서 그 사람 이야기(험담)하지 않기

"야, 걔 있잖아~." (×)

"너 그 얘기 들었어?" (×)

❷ 친구가 다른 친구 이야기를 꺼내면 화제를 돌리거나 관심 보이지 않기

이야기를 듣기만 했어도 오해받을 수 있어요.

❸ 나에게만 털어놓는 비밀 이야기는 듣지 않기

비밀 이야기를 나에게만 한 것이 아닐 수도 있고 비밀을 지켰음에도 나중에 오해받을 수 있어요.

"너만 알고 있어"라는 말을 하며 비밀 이야기를 하려 할 때

"친구야, 나는 비밀 이야기를 들으면 부담스러워."

❹ 둘만 있었던 일은 여러 사람과 공유하지 않기

그것이 좋은 일, 누군가에게 문제 되지 않을 만한 일이라고 해도 여러 사람이 모였을 때는 주의해요.

"야, 우리 어제 먹은 아이스크림 맛있었지?" (×)

❺ 좋은 정보든 나쁜 정보든 다른 사람의 정보 함부로 주지 않기

'용돈을 5만 원 받는 친구는 그 이야기를 나에게만 한 거고, 다른 친구들이 아는 것을 원하지 않을 수 있어. 친구의 속마음을 다 알 수 없기 때문에 내가 알고 있는 다른 사람의 정보를 말하고 다니지 않아야 해.' (○)

"걔네 아빠가 외국 다녀오시면서 사준 가방이래. 외국 자주 가시거든." (×)

"걔 용돈 5만 원씩 받는대!" (×)

※ 부작용이 생길 수 있어요.

용돈을 많이 받는 친구가 곤란해지는 상황이 발생할 수 있어요.

"너 용돈 많이 받는다며? ○○한테 들었어. 나 간식 사주라."

"5만 원이나 받으면서 아끼냐? 쪼잔해."

08
친구에게 거절당하고 왔을 때

"야, 나도 같이 하자."
"안 돼. 인원 다 찼어."

모처럼 친구들에게 제안했던 유민이는 귓속까지 빨개진 느낌입니다. 거절당한 것도 창피한데, 빨개진 모습을 들키니까 정말 땅속으로 꺼져버리고 싶을 만큼 창피합니다. 아무렇지도 않은 척 "그래?" 하고 싶은데 그 말은 나오지 않고 대신 눈물이 나올 것 같았어요.

'바보바보……'

자신을 탓하며 돌아서다가 휘청 넘어질 뻔했습니다.

"유민아, 다음엔 꼭 같이 하자. 이따 문자할게."

친구 정윤이가 인사를 했지만 들리지 않았어요. 정윤이가 오히려 더 밉기만 했어요.

"어, 재밌겠다. 나도 그거 좋아하니까 나도 할래."
"넌 안 돼!"
성격 좋은 성진이는 다시 한 번 요청합니다.
"야, 왜 안 돼! 나도 하자. 하고 싶어."
"넌, 이 게임 잘 못하잖아. 네가 끼면 우리 팀 져."
"그래? 진짜? 재밌겠는데. 알았어. 재밌게들 해."
성진이는 아쉬웠지만 얼른 집으로 향했습니다.

똑같이 거절당해도 성진이처럼 대수롭지 않게 넘기는 아이도 있고, 유민이처럼 눈물이 쏙 날 만큼 창피함을 느끼는 아이도 있어요. 불쾌하고 부정적 감정이라 여운이 오래 가기도 합니다. 받아들이는 방식은 모두 다릅니다.

〈유민이네〉

유민이가 집에 오자마자, "나, 학원 안 가" 하며 방으로 들어가 버리자 엄마가 방에 따라 들어갔습니다.
"무슨 일이니? 학원을 안 가다니?"
"가기 싫어. 다 귀찮아. 엄마도 나가주세요."
대화를 통해 겨우겨우 이유를 알아낸 유민이 엄마는 유민이에게 어떻게 말해주었을까요?

"인원이 다 차서 그런 거네. 다행이다."
"뭐가 다행이야! 엄마는 아무튼 말이 안 통해."
엄마는 친구들에게 따돌림 당하는 줄 알았다가 그게 아닌 걸 알고 '다행'이라고 한 거였어요. 하지만 유민이 입장에서는 엄마에게 겨우 말했더니 아무 위로도 못 받은 것이 되었지요.

〈성진이네〉

성진이 엄마는 성진이에게 일어났던 일에 어떻게 반응했을까요?
"성진아, 너 친구들이랑 놀고 온다더니 일찍 왔네?"
"친구들이 내가 게임을 못한다고 나만 쏙 빼놔서 못 놀고 왔어."
성진이는 앞뒤 건너뛰고 맥락 없이 말했습니다. 아까 친구들 앞에서는 쿨하게 말했지만 집으로 오면서 내내 속상했거든요.
"너만 빼놨다고? 애들 이상하네."
엄마도 전후 사정을 묻지 않은 건 성진이와 다를 바 없었어요. 얼마 후, 성진이가 숙제도 안 하고 놀기만 하자 엄마는 "네가 이러니까 친구들이 싫어하지"라고 해버렸습니다.

부모님 가이드.

우리 아이가 친구들에게 "같이 놀자" 또는 놀이에 끼워달라고 했는데 거절당했다는 말을 들으면 부모님의 마음이 쿵 하고 내려앉을 겁니다. 부모는 아이가 친구들 사이에서 인기가 있고 사람들에게 환영 받기를 바랍니다. 우리 아이가 손 내밀면 누구든 그 손을 잡아주고 반가워하길 바라는 거죠. 그런데 그런 인생이 있을까요?

아이들도 거절당하고 상처도 받으면서 큽니다. 왜 거절당했는지, 거절당하지 않으려면 어떻게 해야 하는지 끼어야 할 자리가 어딘지, 빠져야 할 자리가 어딘지 파악하는 센스도 배우게 됩니다.

'낄끼빠빠'라는 신조어가 떠오르는데요. '낄 때 끼고 빠질 때 빠지라'는 말의 약어라고 합니다. 우리 아이가 그런 눈치가 발달하면 좋겠지만 때로는 눈치 없이 대들었다가 혼쭐이 나기도 하고, 당연히 괜찮겠지 생각하며 제안했다가 거절당하기도 합니다. 이 모든 것이 성장하는 과정이에요.

하지만 아이들은 아직 경험의 폭이 넓지 않아서 속상한 마음이 오래 갈 수 있습니다. 부모님이 아이의 감정을 좀 더 멋지게 승화시켜 주세요.

거절당하고 왔을 때 아이에게

"잘 맞는 친구도 있고 안 맞는 친구도 있어."
"좋아하는 게 각자 다르면 같이 못 놀 수도 있어."
"같이 놀고 싶어도 인원을 맞춰야 하는 경우 자리가 없을 수도 있단다."
"친구가 거절했다고 해서 네가 소중한 사람이 아닌 건 아니야."

만약 거절을 빈번하게 당하는 경우에는 어떻게 도울까요? 아이가 분위기를 파악하지 못하고 눈치가 없다거나 존재감이 없다면 친구들이 일부러 그 아이를 찾아서 활동에 끼워주지 않습니다. 아이가 친구들과 노는 것에 큰 욕구가 없고 이 부분을 힘들어하지 않는다면 굳이 걱정하지 않아도 되지만, 인기 있는 아이들의 특징을 잘 살펴보고 우리 아이에게도 채워주면 도움이 되겠지요.

인기 있는 아이는 사교적이고, 활동적이며 자기 할 말도 하면서 공감도 잘하고, 협동도 잘하고, 규칙도 잘 지킵니다. 영향력이 있는 아이죠. 이런 아이에게는 친구들이 모여듭니다. 또래가 보기에도 존재감이 있고 멋있거든요.

우리 아이는 어떤가요? 활동적이거나 사교적이 아니어도 괜찮습니다. 아이가 자신을 소중하게 생각하게 하고, 행동과 감정을 조절하며, 규칙을 잘 지키고, 숙제나 학업에 잘 따라가도록 도와주세요. 아이가 잘하는 것이 있으면 친구들이 동경하여 모여들기도 합니다.

'거절당할 수도 있어', '상처 받을 일은 아니야', '나는 내가 좋아', '친구들과 좀 더 잘 어울릴 수 있게 (학업, 운동, 취미) 노력해볼까?' 등 아이가 스스로 내면을 단단하게 가꿀 수 있도록 부모님이 가르쳐 주세요.

중요한 것은 거절당한 아이의 마음을 충분히 어루만진 후에 말해야 한다는 것입니다.

아이의 말공부

1. 거절당했을 때 말하기

"나는 안 끼워주고 니들끼리 노냐?"(×)

"아, 인원이 다 찼구나."(○)

"그래, 재밌게 놀아. 다음에 만나자."(○)

2. 감정적으로 대응하지 않고 마음 다스리기

"야, 치사하게. 나도 그거 할 수 있거든. 잘들 해봐라."(×)

❶ 인정: '이 경기에 끼기에는 내 실력이 부족하구나.'

❷ 발전적인 생각: '나도 공차기 연습을 더 해볼까?'
  "그래? 그럼 다음에 같이 놀자. 재밌게 놀아."(○)

❸ 생각 정리: '친구들이 나를 싫어하거나 따돌리는 것은 아니야.'

3. '거절당할 수 있어!'라는 생각하기

"넌 나와 좋아하는 게 다르구나."

"내 생각과 네 생각이 다르구나."

"나는 너와 놀고 싶지만(내 생각) 너는 나와 놀고 싶지 않구나(네 생각)."

생각 정리: '그럼 나와 좋아하는 게 같은 친구랑 놀아야겠다.'

3장

선생님과 어른들에게 사랑받는 아이의 말공부

01
감사와 사랑을
잘 표현하는 아이

"맛있겠다. 내가 좋아하는 반찬이네?"

식탁을 보며 둘째 아이가 말합니다. 아이는 맛있게 먹으면서도 "맛있다", "고맙다"라는 표현을 하지 않았어요. 엄마는 문득, '우리 아이가 참 표현을 안 하는 아이구나'라는 생각을 했습니다. 기질적인 이유인지, 성격이 그런 건지 어렸을 때부터 "고맙다", "사랑한다"는 표현을 잘 안 하는 아이였거든요. 무엇이 좋더라도 그냥 '씩' 웃어 보이는 것에 그치는 아이였어요. 왜 좋은지 구체적으로 어떤 것이 마음에 드는지에 대해서는 도통 말하지 않아 답답할 때도 많았습니다. 그나마 오늘은 "내가 좋아하는 반찬이네"라고 표현한 겁니다.

반면에 첫째 아이는 "엄마, 너무너무 맛있어. 엄마는 요리쟁이야",

"정말 감사합니다", "기분이 날아갈 것 같아요"라는 등 표현이 풍부한 편입니다. 종종 과장된 표현을 하는 것처럼 느껴져서 '진짠가?' 하고 의심 받을 정도지요. 그런 모습과 비교해보면 표현을 잘 안 하는 둘째 아이의 말에는 진정성이 느껴져요. 각자 장단점이 있다는 생각에 둘째 아이가 표현이 소극적인 점에 대해 큰 불만을 느끼지 않았지만, 아이가 초등학교에 입학하고 나니 생각이 조금 달라졌습니다.

학교에서는 다양한 성격을 가진 친구들을 만날 수 있습니다. 표정이 밝은 친구, 무표정한 친구, 말을 조리 있게 잘하는 친구, 표현을 잘 안 하는 친구, 친구들의 말에 반응을 잘해주고 칭찬이 후한 친구, 칭찬에는 인색하지만 성숙한 친구 등 여러 유형의 아이들이 있지요. 아무리 다양성이 존중되는 시대라지만 엄마는 알고 있습니다. 표현에 인색한 아이보다는 주변 사람들의 말에 잘 호응하고 표현하는 아이가 인기가 있고 사회성도 높아 보인다는 것을요.

그런 면에서 엄마는 오늘 자기가 좋아하는 반찬을 먹으면서도 별다른 표현이 없는 아이의 모습에 생각이 많아졌습니다. 엄마는 이런 고민을 안은 채 주말에 아이들과 함께 할머니 댁에 갔습니다. 할머니는 그날도 아이들을 위한 간식을 듬뿍 준비하셨어요.

할머니: 우리 공주들 먹으라고 할머니가 간식 준비해놨어.
첫째 아이: (할머니를 안으며) 와와와~ 할머니 킹왕짱 최고! 맛있겠

다. 감사합니다.

둘째 아이: 뭐뭐 있어요?

평소에는 그냥 넘겼을 대화에도 엄마는 촉각을 곤두세웁니다. '감사합니다'라는 말이 먼저 나와야 하는데, 아이는 간식 종류만 묻습니다.

엄마: 할머니한테 감사하다고 말씀드려야지.

둘째 아이: 감사합니다.

할머니: 어이구, 우리 공주 고마워! 얘, 애 다그치지 마라.

엄마: 어머니, 지금부터 버릇을 고쳐야죠.

할머니: 우리 공주들 이리 와봐. 선물이 하나 더 있단다. 할아버지가 너희들 주라고 용돈 놓고 가셨어.

둘째 아이: 할아버지가 용돈 주셨어요?

할머니: 그래그래. 엄마한테 맡겨 두고 필요할 때 쓰거라.

엄마: 애들 용돈까지 안 챙기셔도 되는데……. 간식 준비하느라 애쓰셨어요. 너 용돈 받았으면 감사하다고 해야지 뭐 하는 거야!

아이들마다 기질이 다릅니다

활달하고 표현을 잘하는 아이가 있는가 하면, 마음은 있어도 그 마음을 잘 표현하지 못하는 아이도 있습니다. 하지만 무언가를 받았을 때 감사 인사를 잘하고, 잘못했을 때 죄송하다고 말할 줄 아는 아이. 선생님과 어른들에게 예쁨 받을 수밖에 없습니다. 뭐라도 더 주고 싶고, 덕담이라도 하게 됩니다. 어른들 말씀에 '붙임성 있는 아이는 없는 것도 만들어서 주고 싶다'고 합니다. 반면에 마음을 잘 표현하지 못하는 아이라면 어떨까요.

"할머니가 간식 만들어 주시면 감사하다고 말을 해야지."

"했잖아."

"언제?"

"뭐뭐 있냐고 했는데?"

아이는 "뭐뭐 있냐"고 한 말을 '감사 표현'으로 생각한 거예요. 기질과 성격의 영향도 있지만, 그럴수록 말공부가 필요해요.

"그게 무슨 고마움의 표현이야? 감사하다, 고맙다 확실하게 말씀드려야지!"라고 가르치고 싶지만 어느 날 갑자기 '감사 표현'을 강요하면 오히려 거부감을 가질 수 있어요. 아이의 기질을 인정하고 아이가 표현할 수 있는 기회를 제공하거나 스스로 느낄 수 있도록 해줘야 합니다. 연습하면 충분히 개선될 수 있습니다.

이때는 부모님이 '의식적으로 솔선수범'해야 합니다. 할머니 댁에 가서 나눈 대화를 다시 한 번 볼까요? 자세히 들여다보면 문제점과 개선 방법을 알 수 있습니다.

부모님 가이드。

에피소드에서 할머니는 손녀에게 간식과 용돈을 주셨어요. 아이는 제때 감사의 마음을 표현하지 않아 엄마에게 핀잔을 들었고요. 그런데 엄마의 말은 어땠는지 살펴볼까요?
"애 용돈까지 안 챙기셔도 되는데……. 간식 준비하느라 애쓰셨어요. 너 용돈 받았으면 감사하다고 해야지 뭐 하는 거야."
엄마 또한 아이 간식을 힘들게 준비한 시어머니께 감사하다는 표현을 하지 않았습니다. '안 챙기셔도 되는데', '애쓰셨어요'라는 말에 그치고 말았지요. 그리고는 '용돈 받았으면 감사하다고 해야지'라고 말하며 감사의 말을 아이에게 미루는 모습을 볼 수 있어요. 쑥스럽고 어색하니 시부모님, 친정 부모님께 해야 할 감사의 표현을 아이에게 미룬 건 아닐까요? 이런 말 습관, 의외로 많이 볼 수 있습니다.
황혼육아전문가로서 강연을 나갔을 때에도 이와 비슷한 사례를 들은 적이 있습니다.
"힘들게 손주를 봐주는데 감사하다는 말 한 마디 없어요. '수고 많으셨어요', '애쓰셨어요', '고생하셨어요' 뒤에 '감사합니다'를 붙여야지. 어른한테 '애쓰셨다', '수고했다'라는 말이 다 뭡니까? 이게 무슨 반쪽짜리 감사냐고요. 이러니 사랑으로 애를 봐주다가도 섭섭할 때가 많아요."

'수고했다'는 것은 딸, 며느리의 생각이며 평가하는 말로 들린다고 합니다. 마음에서 우러나는 감사의 말과는 분명 차이가 있어요.

이후로 부모교육 강연에서 시부모님, 친정 부모님께 아이를 맡긴 부모님들께 물었더니 감사의 표현이 습관이 된 경우에는 "어머니, 감사합니다. 최고세요", "엄마, 고마워. 사랑해"라는 말이 잘 나오는데, 습관이 안 된 분들은 마음에 있어도 말로는 잘 안 나온다고 합니다. 어색하지만, 의식적으로 노력하하다 보면 어느새 자연스럽게 나올 거예요. 그게 말습관의 힘입니다.

제가 존경하는 〈고도원 아침편지〉의 고도원 이사장님은 매일 아침편지(이메일)의 끝인사로 "사랑합니다. 감사합니다"를 올립니다. 일명 '사감'이라는 끝인사를 수년간 봐온 덕분에 저도 메일을 읽을 때 "사랑합니다! 감사합니다!"를 소리 내어 말해요. 아침마다 좋은 글, 감동의 글을 읽으니 감사하고, 사랑한다는 말이 저절로 나옵니다.

너무도 많이 들어서, 잘 쓴다고 생각하는 사랑과 감사의 말. 이 말을 가정에서 많이 사용하여 아이들의 입에 착착 붙어야 합니다. 저절로 감사와 사랑의 말을 잘하는 아이로 키우고 싶다면 지금부터 일상에서 '고마워', '사랑해'를 많이 주고받으세요.

감사와 사랑의 표현하기

"엄마 아빠, 잘 먹었습니다. 감사합니다."

"엄마 아빠, 안녕히 주무세요. 사랑해요."

"할머니 할아버지, 너무 좋아요. 사랑해요."

아이의 말공부

1. 부모님이 생활에서 보여주세요.

인사할 때 목소리가 작고 수줍어하는 아이에게 인사를 강요하지 말고 부모님이 롤모델이 되라는 말은 많이 접하셨을 겁니다. 반쪽짜리 표현에 반쪽을 더 보태서 온전한 감사와 사랑을 표현하는 말을 연습해 보겠습니다. 경어체와 평어, 어떤 것이든 감사와 사랑, 미안함을 표현하는 말의 앞과 뒤에 호칭(엄마 아빠, 선생님 등)을 넣어주면 훨씬 좋습니다.

❶ 친정 엄마, 시어머니께

"엄마, 애 보느라 힘들지? 도와줘서 정말 고마워요, 엄마."
"어머니, 손주 보시느라 고생 많으세요. 감사해요, 어머니."

❷ 가족과 식사를 한 후

"이야! 오늘 정말 맛있게 먹었네." (50%)
"여보, 정말 잘 먹었어. 고마워. (설거지는 내가 할게) 여보." (100%)

❸ 아이가 심부름을 했을 때

"응, 그래. 가져왔어? 잘했네." (50%)

"응, 그래, 물 가져왔어? 잘 마실게. 고마워. 딸" (100%)

❹ 배우자, 아이에게 전하는 사랑과 감사의 말

"여보, 일하느라 힘들지? 애써줘서 고마워. 사랑해."

"아빠한테 말해줘서 고마워. 사랑해."

2. 아이에게 인사법을 알려주세요.

❶ 식탁에서

식사 전: "엄마 아빠, 잘(맛있게) 먹겠습니다."

　　　　 "엄마 아빠, 맛있게 드세요."

식사 후: "엄마, 맛있게 먹었습니다. 감사합니다. (빈 그릇은 싱크대 안에 넣어둘게요)."

친구의 집에 초대 받아 식사를 대접 받았을 때

"음식이 정말 맛있어요! 잘 먹었습니다. 감사합니다."

→ 부모님(어른)이 음식을 준비해주신 건 당연한 것이 아니라 감사할

일이라는 것을 잊지 않아요.

❷ 조부모님께 감사 인사

"할머니, 제가 좋아하는 간식 만들어 주셔서 감사합니다. 맛있게 먹겠습니다."

"할아버지, 용돈 주셔서 감사합니다."

❸ 책 읽어주신 부모님께

"아빠, 책 읽어줘서 고맙습니다. 아빠가 읽어주니까 진짜 재밌었어요."

❹ 교실에서 선생님께 / 하교할 때

"선생님, 오늘도 잘 가르쳐 주셔서 감사합니다. 사랑해요."

"선생님, 오늘도 선생님 덕분에 많이 배웠습니다. 감사합니다."

❺ '미 · 고 · 사' 말습관 들이기

"선생님, 제가 ~해서 죄송합니다."

"엄마 아빠, 감사합니다." "엄마 아빠, 사랑해요."

02
어른에게 허락 받을 때

"선생님이 나눠준 수업 자료 다 받았지? 쓰다가 잘못 써서 새 종이가 더 필요한 친구들은 선생님한테 와서 말하기."

얼마 후, 아이 두 명이 앞서거니 뒤서거니 교탁 앞으로 왔습니다.

아이 A: "(종이를 손으로 잡으며) 선생님, 이거 가져가도 돼요?"라고 말하는 동시에 가져갑니다.

아이 B: "(선생님을 보며) 선생님, 제가 잘못 써서 종이 하나 더 가져가도 될까요?"

선생님: "(아이에게 건네주며) 어, 그래. 가져가."

아이 B: "(선생님이 주신 종이를 받으며) 감사합니다."

종이가 필요한 상황은 똑같지만, 두 아이의 태도는 다릅니다. 얼핏 보면 두 아이 모두 선생님께 허락을 구한 듯해도 확연한 차이가 있어요. 선생님 입장에서 어떤 아이가 예쁠까요? 아이 A는 자칫 무례한 아이로 비칠 수 있으며 선생님의 성향(교육관)에 따라 아이가 무안해질 수도 있습니다.

"○○야, 허락 받고 가져가야지?"

"선생님, 제가 물어보고 가져갔잖아요."

"그래도 선생님이 허락하면 그때 가져가야지."

선생님은 '종이가 필요한 경우에 선생님에게 말하기'라고 하셨어요. 만약 선생님이 '새 종이가 필요하면, 교탁 위에 놓을 테니 가져가면 된다'고 말씀하셨다면 아이 A가 잘못한 건 없습니다. 하지만 허락 받은 후 행동해야 하는 상황에서 "가져가도 돼요?", "가져가도 되죠?", "가져갈게요"라고 말하는 동시에 물건을 가져가는 것은 과연 허락 받은 것일까요?

이 부분은 어른들도 자칫 실수하기 쉬운 부분이어서 어렸을 때부터 허락의 말습관을 잘 들여야 합니다. 주변을 살펴보면 이런 실수를 하는 경우가 정말 많습니다.

아이가 만약 친구의 새 휴대폰을 "이거 정말 좋다"라고 하며 쓱 가져가서 본다면 휴대폰 주인은 뭐라고 생각할까요? 아마 이렇게 생각할 겁니다.

'왜 남의 휴대폰을 허락도 없이 가져가지?'

'저러다 망가뜨리면 어떻게 하려고!'

하지만 가져간 사람은 "이거 정말 좋다"라는 말을 '내가 만져볼게'라는 허락을 구한 말로 생각할 수 있습니다. "야, 너 왜 내 휴대폰 허락도 없이 만져"라는 말을 들은 아이는 조금 전에 "네 휴대폰 좋다"라는 말로 이미 양해를 구했는데, 왜 갑자기 자신에게 뭐라고 하나 생각할 수 있습니다. 자신의 생각대로 "내가 '네 휴대폰 좋다'고 말하면서 가져갔잖아. 그게 좀 만져봐도 되냐는 뜻 아냐?"라는 말로 응수하거나 심지어 "야, 넌 왜 그렇게 까다롭냐?" 등으로 갈등을 빚을 수도 있어요.

가정에서 남에게 허락을 구하는 법을 제대로 배우지 못한 아이는 사회에서 만난 사람들 또한 엄마, 아빠, 조부모님처럼 너그러울 거라 생각하고 있을지 모릅니다. 그렇지 않을 때 아이는 억울하다는 생각에 오히려 상대를 속 좁은 사람으로 오해할 수 있습니다.

우리 아이가 만나는 사람들이 모두 무던하고 이해심이 있으며 아량이 넓을 수만은 없습니다. 어떤 성격, 어떤 상황을 막론하고 가장 좋은 방법은 예의 있게 말하고 행동하는 것입니다.

같은 말이라면 긍정적인 표현으로

관계에서는 무엇보다 매너가 중요합니다. 상대방에게 허락을 받기 전에 마음대로 행동하는 것도 주의해야 하지만, 말할 때 어투와 표정, 말의 느낌에 대해서도 신경 써야 합니다.

같은 말이라도 부정적으로 표현할 수 있고, 긍정적으로 표현할 수도 있어요. 허락을 받을 때도 마찬가지입니다. 부정어를 사용하는 아이가 있는가 하면 긍정어를 사용하는 아이가 있어요. "왜요? 이거 하면 안 돼요?"라고 물어보는 아이가 있고 "이거 해도 될까요?"라고 정중하게 물어보는 아이도 있어요. '하면 안 돼요?'라고 묻는 건 부정적인 느낌을 주고, '해도 될까요?'라고 묻는 건 긍정적인 느낌을 주면서 말할 때의 표정도 다르기 때문에 가능하면 긍정으로 표현하는 게 좋습니다.

미묘한 차이라고 해도 긍정적으로 물어보는 아이에게는 긍정의 답을 주고 싶다는 마음이 들기 마련입니다. 이런 작은 표현의 차이들은 아이들 스스로 깨닫기 어렵습니다. 부모님이 알려주어야 합니다.

평소 아이에게 말할 때 긍정의 문장을 사용해 대화를 나누어 보세요. 하지만 아이가 매번 긍정적으로 묻지 못하더라도 걱정하지 마세요. 부모님 입장에서는 우리 아이가 어떤 상황에서도 긍정적으로 물어봤으면 좋겠지만, 때로는 '하면 안 돼요?'라고 물어봐도 괜찮습니다. 다만 그 말을 할 때 표정이 중요하겠죠.

부모님 가이드。

'아'라는 말에도 다양한 감정을 담을 수 있습니다. 무언가를 깨달았을 때의 '아~', 짜증 날 때의 '아!', 무언가를 반성하거나 곤란할 때의 '아……' 등 말의 억양, 표정, 태도에 따라 의미가 달라져요. 이렇게 한 글자에도 많은 감정을 담을 수 있음을 허락 받을 때의 말공부에서 가르치면 좋겠습니다.
허락 받을 때 어떻게 말해야 할지 아이와 함께 이야기를 나누어 보세요.

아빠: 만약 할아버지 앞에 놓인 간식을 먹고 싶을 때 어떻게 하면 좋을까?
아이: "할아버지, 이 과자 좀 먹어도 될까요?"라고 여쭤봐요.
아빠: 그런데 할아버지가 허락할 새도 없이 네가 가져가 먹어 버리면 어떨까?
아이: 아, 할아버지가 나보고 "먹어라"라고 허락하실 때 먹어야 돼. 맞지, 아빠?
아빠: 그렇지. 할아버지가 "그래, 먹어라" 하시면 그때 "네, 감사합니다"라고 한 후에 먹으면 더 좋겠지.

허락이라는 것은 상대방의 요청을 들은 사람이 청한 것을 받아들이고, "그렇게 하세요"라고 말하는 것까지 포함한다는 것을 가르쳐 주세요. "먹어도 좋다", "만져도 좋다", "해도 좋다"라는 말이 나올 때까지 기다려야 합니다.

"하나 가져도 돼?"

"응, 가져도 돼."

대답을 들어야 허락을 받은 것이라는 것. 또는 "응, 가져도 돼"라며 물건의 주인이 집어줘야 할 경우도 있음을 가르쳐 주셔야 합니다.

허락 받을 때

1. 허락을 구하는 말을 한 뒤
2. 상대방의 반응을 기다렸다가
3. "돼", "안 돼"에 따라 행동해요.

허락을 구했는데, '안 돼'라며 거절당할 수도 있습니다. 허락을 구했다고 해서 모든 사람이 그걸 다 들어줘야 하는 건 아니라는 점. 안 된다고 하면 "네, 알겠습니다. (곤란하게 해서) 죄송합니다"라고 말할 수 있는 아이. 부모님이 아니면 이런 멋진 말공부를 가르쳐줄 분은 없을 것 같습니다.

아이의 말공부

❶ 선생님께

아이: 선생님, 제가 가위를 잠시 써도 될까요?

선생님: 응, 그래. 써도 돼.(가위를 집어서 건네주지 않으셨어도 허락한 예)

아이: 선생님, 감사합니다.

→ 사용하고 난 뒤 선생님께 드려요.

❷ 조부모님께

아이: 할아버지, 이 과자 저 조금 먹어도 돼요?

할아버지: 안 된다. 엄마한테 혼난다. 엄마한테 허락 받고 오거라.

아이: 할아버지는 치사하게……. (×) / 네, 알겠습니다. (○)

→ 과자를 먹고 싶어도 허락하지 않았으므로 손대지 않아요.

❸ 부모님께

아이: (아빠의 허락도 없이) 나 아빠 폰으로 게임한다. (×)

→ 통보식으로 말하고 함부로 행동하지 않아요.

아이: 아빠, 저 5분만 아빠 휴대폰 빌려 써도 될까요? (○)

아빠: (건네주시며) 그래, 5분 후 돌려줘야 한다.

아이: 네, 감사합니다. 5분 후에 드릴게요.

→ 5분 후 돌려드립니다.

❹ 허락을 구하는 긍정의 말

긍정으로 물어보는 것이 얼굴 표정과 말투를 부드럽게 합니다.

"이거 가져가면 안 돼요?" (×)

"종이 한 장 가져가도 될까요?" (○)

※ 주의할 점

- 허락을 구하는 동시에 그 물건에 손대지 않기
- 허락할 때까지 남의 물건에 손대거나 마음대로 행동하지 않고 상대의 반응 기다리기
- 물건을 주실 때까지 기다리거나 "응, 가져가"라고 할 때 물건을 가져가기
- "쓰고 바로 줄게"라고 약속했다면 사용 후 (다시 빌리더라도) 바로 돌려주기

03
어른이 부탁했을 때

아이에게 심부름이나 무언가를 부탁하면 어떤 태도로 받아들이나요? 아이가 다른 사람의 부탁에 어떻게 반응하는지도 중요하지만, 그에 앞서 부모님이 아이를 대할 때 일방적으로 명령(시키는)하는지, 부탁하는지 '부모님의 말과 태도'를 먼저 짚어봐야 합니다.

부모님도 아이에게 도움을 요청하거나 심부름을 시키게 될 때가 있습니다. 이때 부모님의 태도와 말투가 아이에게 불만이 쌓이게 하거나 잘못된 습관을 형성시키기도 합니다. 어른들께 부탁을 받았을 때 우리 아이는 어떻게 받아들이고 행동해야 할까요?

엄마가 우혁이를 부르며 심부름을 시킵니다.

"우혁아, 엄마 마실 물 좀 가져와."

"(이 말을 듣자마자 옆에 있는 동생에게) 야, 안우진. 네가 가져와."

"왜 동생한테 시키니? 엄마가 누구한테 시켰어? 안우혁 너한테 시켰지!"

"엄마는 왜 맨날 나만 시켜!"

우혁이는 매번 자기만 엄마의 심부름을 도맡아 하는 것 같아 불만입니다. 물을 가지러 가는 게 귀찮기도 하고, 자기한테만 심부름을 시키는 엄마가 야속해 7살 동생 우진이에게 심부름을 미뤘어요. 형이 엄마한테 혼나는 분위기를 파악한 동생 우진이는 "알겠어, 내가 가져올게"라며 엄마에게 물 한 잔을 가져다 드립니다.

'어휴! 저건 동생만도 못해.'

혀를 끌끌 차는 엄마의 태도에 우혁이는 뾰로통한 표정을 지으며 방으로 들어가 버립니다. 만약 이런 상황이 반복된다면 어떨까요? 엄마와의 관계가 틀어지는 것은 물론 동생과 비교 당한다는 생각에 불만과 억울함이 커질 겁니다. 하지만 아이의 태도에만 문제가 있는 것은 아닙니다.

부모님 가이드

아이에게 심부름을 시키거나 부탁할 때를 떠올려 보세요. 아이에게 무언가를 시켰을 때, 아이가 바로 실천에 옮겨야 한다고 생각하고 말하면 아이를 존중하지 않는 표현이나 태도를 취하기 마련입니다. 아이에게 부탁할 때 가까이 가서 말하지 않고, 멀리서 소리친 적은 없는지요.

거실에서 방에 있는 아이에게 "물 좀 가져와!"라고 말했는데 아이가 바로 심부름을 하지 않거나 대답이 없으면 더 크게 소리치는 경우가 많습니다. 아이가 못 들었을 수도 있고, 아이가 방에서 숙제를 하고 있어 부모님의 말에 늦은 반응을 보인 걸 수도 있는데 부모는 아이에게 심부름을 시켜도 되는 사람, 아이는 마땅히 그 심부름을 잘 해내야 하는 사람으로 인식하기 때문입니다.

부탁할 때는 아이를 보며 부드러운 말투로 부탁하세요. 상황이 여의치 않아 소리치듯 말해야 한다면 "미안한데, 아빠가 ~해서 그러니까 ~좀 해줄래?"라는 표현으로 아이를 존중해야 합니다.

사례에서 우혁이가 동생 우진이에게 "네가 가져와"라고 말한 건 어쩌면 동생에게 미루려는 의도는 아니었을 거예요. 단지 부모님이 자신에게 했던 명령조의 부탁을 그대로 배워 동생에게 똑같이 말한 것일 수 있습니다.

부탁을 할 때는 아이의 상황을 고려해 주세요. 아이가 무언가에 몰입되어 있을 때는 가급적 피하고, 꼭 부탁해야 한다면

"엄마, 물 좀 가져다줄래? 엄마가 약을 먹어야 하거든" 하며 부탁하는 이유도 얘기해 주세요. 존중 받은 아이가 존중을 배우고 실천해요. 이야기를 완성해 볼까요?

아이에게 부탁을 할 때

"우혁아, 엄마가 지금 ○○를 하고 있어서 그런데, 물 좀 가져다 줄래?"
(아이가 물을 가져오면) "물 잘 마실게. 고마워."

부모님이 실력을 갖추셨으니, 어른이 부탁하면 아이에게 어떤 태도로 어떻게 대답하고 행동해야 하는지 알려주세요.

어른에게 부탁을 받았을 때

"얼굴에 미소를 띠며 '알았어요'라고 말하렴."
"무엇을 알았다는 건지, 어른의 부탁을 다시 한번 확인하면 좋단다."

"네, 엄마. 물 한 컵 가져다 드릴게요(부탁의 말씀 확인)"라는 식의 예를 가르쳐주는 것이지요. 어른의 부탁에 이렇게 대답하고 행동한다면 언제든 어디서든 사랑받는 아이가 될 겁니다. 우리 아이가 말 한마디로 대접 받을 수 있게 하려면 평소 기회들을 잘 활용해 주세요.

어른들의 부탁에 아이가 들은 척 만 척하거나 다른 사람에게 미루더라도 아이의 체면을 세워주는 말을 해주고, 대화를 통해 아이의 마음을 알아보는 것도 필요합니다. 만일 앞의 사례처럼 부모님이 아이에게 물 한 컵을 부탁했는데, 동생에게 "네가 가져와"라고 했다면, 형을 혼내지 말고 얼른 체면을 세워주세요.

"그래 우진아, 이번엔 네가 가져다줄래?"

물을 가져다준 둘째 아이에게 고마운 마음을 표현하며 일단락하고, 동생이 없는 곳에서 우혁이에게 어른들이 부탁할 때 어떤 태도를 취해야 하는지 가르쳐주는 게 좋습니다. "아까 엄마가 너한테 부탁한 걸 우진이에게 미뤘잖아. 이유를 알고 싶어" 아이가 "몰라, 그냥 그랬어" 혹은 "엄마가 맨날 나만 시키니까 나도 우진이한테 시켰지"라고 답한다면, 대화를 통해 아이의 마음을 파악하세요.

엄마: 엄마가 너한테만 부탁해서 그런 생각이 들었어? 그런데 우혁아, 엄마는 앞으로도 너한테 부탁할 일이 있을 거야. 어떻게 하면 엄마를 잘 도와줄 수 있니?

아이: …….

엄마: 엄마도 네가 알려주면 그렇게 실천할게. 엄마가 어떻게

부탁하면 기분 좋게 들어줄 수 있을까? (○) → 아이의 요구 사항을 들어주세요.

아이: 엄마, 나한테 부탁하는 것처럼 말했으면 좋겠어.

엄마: 너도 엄마한테 매번 시키잖아. 네가 엄마한테 열 번 시킬 때 엄마는 한 번 부탁하는 거거든? (×)

앞으로 엄마가 "물 한 잔만 부탁해"라고 말하면 잘 들어줄 수 있을까? (○)

아이의 말공부

어른이 부탁할 때

1. 가까이 다가가며 "네" 하고 대답하기
2. 미소 지으며 말씀(부탁) 기다리기
3. 부탁하신 내용 확인하고 행동하기

❶ 집에서 아빠가 부탁할 때

"아빠 책상에서 책 좀 가져다 주겠니?"

"네, 아빠. 서재 책상 위에 있는 책 말씀이시죠?" (○)

"아빠, 나 지금 뭐 하잖아." (×)

❷ 어른의 말씀에 밝은 표정으로 대답하기 1

"음식 깨작거리지 말고 꼭꼭 씹어 먹어야 한단다."

"잘 먹고 있거든요?" (×)

'내가 음식을 깨작거리는 것처럼 보이는구나. 잘 먹어야겠다' 생각하며 "예, 알겠습니다"라고 대답한 뒤 골고루 맛있게 먹기 (○)

❸ 어른의 말씀에 밝은 표정으로 대답하기 2

"허리 펴고 바르게 앉아."

"아, 저는 이게 편해요." "아빠도 마음대로 편하게 앉잖아." (×)

'바르게 앉아야지' 생각하며 "아빠 바르게, 이렇게요?" (○)

❹ 동생에게 미소로 답하는 연습하기

동생에게 도움을 받았을 때 "동생아, 가져다줘서 고마워."

❺ 숙제를 하고 있는데 엄마가 심부름을 시키셨을 때

"(엄마에게 가서) 엄마, 지금 숙제하는데 마트에 20분 후에 다녀와도 될까요?" (○)

04
선생님께 용건을 말할 때

"야, 그거 내가 되게 아끼는 거거든. 내가 빌려준 거지 준 거 아니야. 그러니까 돌려달라고."

"야, 내가 안 준다고 했냐. 준다구. 내일 갖다준다고 했잖아. 치사하게 그러냐?"

"뭐 치사? 야, 너 어제도 오늘 준다고 해놓고 또 안 가져왔잖아."

그러더니 다은이는 선생님을 크게 부릅니다.

"선생님~ 얘가요. 내 물건 빌려가서 안 줘요."

그때 선생님은 출석부 정리를 하고 계셨습니다.

"선생님, 근데요~."

억울한 듯 속사포처럼 말하자, 선생님이 다은이를 보며 "어? 뭐라고? 다시 한 번 말해줄래?"라고 말씀하셨어요.

화가 나고 억울한 다은이는 눈물부터 납니다.

집에 온 다은이는 엄마에게 말합니다.

"엄마, 선생님이 나 미워해."

아이들은 억울한 일이 생길 때마다 선생님을 크게 부르는 습관이 있습니다. '억울해요. 도와주세요' 하는 마음입니다. 부모가 아무리 "친구와 사이좋게 지내야 한다"고 말해도 또래 간에 불협화음은 생기기 마련입니다. 그럴 때 친구끼리 해결할 수도 있지만 어른의 도움을 받아야 할 상황도 생기게 됩니다. 친구끼리 해결하려고 무리하다가 오히려 더 큰 싸움이 생길 수 있으니 상황에 따라 얼른 선생님께 도움을 청하는 것이 나을 수도 있어요.

하지만 선생님은 우리 아이만 바라보고 있는 게 아닙니다. 다른 업무도 있고, 다른 아이와 이야기를 나누고 있을 수도 있어요. 그럴 때 아이가 어떻게 도움을 청하느냐에 따라 선생님의 도움을 즉각적으로 제대로 받을 수도 있고 "넌 왜 맨날 이르기만 하니?"라는 말을 들을 수도 있습니다. 억울한 일을 당했는데도 선생님이나 다른 아이들에게 '고자질하는 친구'라는 인상을 줄 수도 있고, 자신이 해결하지 못하는 일을 선생님이라는 권위 있는 분을 통해 중재를 받거나 제대로 해결할 수도 있어요. 해답은 아이의 말과 태도입니다.

부모님 가이드。

선생님께 도움을 요청했는데, 원하는 대로 되지 않으면 눈물을 흘리는 아이도 있고, "선생님, 제 말 못 들으셨어요?"라고 말하는 아이도 있습니다. 이런 아이는 선생님 눈에 당돌하고 무례하게 보일 수도 있습니다.

아이에게 예의 바르면서 자신의 권리도 지킬 방법을 가르쳐 주세요. 아이가 무례하거나 대처법이 미숙했어도 바로 지적하지 마세요. 먼저 아이의 마음을 읽어주세요. 자신의 마음을 위로 받고 공감 받은 아이가 엄마의 말을 제대로 들을 수 있거든요. 자초지종을 듣고 "속상했겠구나" 하며 마음을 알아준 후에 바르게 가르쳐야 합니다.

아이의 말공부

이렇게 지도해 주세요.

❶ 멀리서 부르지 말고, 선생님께 가까이 다가가 말씀드리기

"차분한 태도로 '선생님, 드릴 말씀이 있어요'라고 얘기하렴."

❷ 선생님이 쳐다보면 그때 용건을 말하기

"선생님이 만약 다른 일을 하시면 잠깐 기다렸다가 선생님이 너를 쳐다보면 그때 말씀드리기 시작해."

❸ 선생님이 다른 일을 하고 계셨다면 (네가 하려는 말도 중요하지만) 잠시 기다리기

"선생님은 네 말을 소중하게 생각하지만, 네가 가기 전에 다른 일을 하고 계셨다면 그 일을 먼저 하셔야 해서 그럴 수 있어."

아이들은 자기중심적이기 때문에 자신이 선생님께 말을 걸면 먼저 들어줘야 한다고 생각하고, 그렇지 않은 경우에 선생님이 자신을 미워한다고 생각할 수 있어요. 엄마는 아이가 선생님을 '밉다, 나만 싫어하신다' 등 오해하지 않도록 말해주는 게 좋습니다.

❹ **선생님과 1:1로 말하는 상황이므로 큰 소리가 아닌 작은 소리로 말씀드리기**

"네 용건은 선생님만 들으셔도 되는 거라 큰 소리보다 선생님께만 들릴 만한 목소리가 좋을 거야."

유아기나 초등 저학년 아이들은 아직 '상황에 맞는 목소리 조절하기'가 어렵습니다. 큰 목소리와 작은 목소리, 알맞은 목소리에 대한 이야기를 나누어 보세요.

05
매너 있는 아이로 키우는 말

초등학교 1학년 친구들 생일파티에서 있었던 일입니다. 친구들과 엄마들이 함께 모여 패밀리 레스토랑을 찾았어요. 생일인 친구를 위해 손뼉을 치며 노래를 불러주고, 선물과 편지를 교환한 다음 함께 사진도 찍으며 즐거운 시간을 보냈어요.

이제 음식을 가지러 이동하는 시간, 점심시간을 조금 넘긴 때라 모두 배가 많이 고픈 상태였어요. 아이들은 신이 난 나머지 약간 빠른 걸음으로 샐러드바 코너로 이동해 접시에 음식을 담고 있었습니다.

그러던 차에 연주 엄마와 유석이가 부딪혔습니다. 다행히 음식을 쏟거나 다치지는 않았지만 둘 다 접시를 들고 있었기 때문에 아찔한 순간이었어요. 연주 엄마가 놀라 "유석아, 괜찮아?"라고 물어보려는

찰나, 유석이가 먼저 이렇게 말했습니다.

"괜찮으세요?"

연주 엄마는 유석이의 말에 깜짝 놀랐어요. 유석이의 공손한 말투와 표정에는 미안함과 걱정이 담겨 있었기 때문입니다. 연주 엄마는 어른보다 먼저 상대방을 배려하는 유석이를 자리에 돌아와 한참 동안 칭찬했어요. 어떻게 하면 아이를 저렇게 키울 수 있을까 궁금해진 연주 엄마는 생일파티가 끝날 때까지 유석이와 유석이 엄마를 유심히 지켜봤다고 합니다. 아이 잘 키우는 비법을 배우고 싶었던 거죠.

유석이 엄마는 아이에게 무언가를 특별히 가르치지는 않았지만 '저렇게 다정한 눈빛과 여유 있는 태도로 아이를 대하는 것이 잔소리를 하는 것보다 더 효과적일 수도 있겠구나' 하는 생각이 들게 했다고 합니다.

식사 내내 엄마들은 아이들에게 "음식 가리지 말고 골고루 먹어", "이거 더 먹어", "흘리지 말고 천천히 먹어", "다치니까 조심히 다녀"라는 말 등을 반복했지만 유석이 엄마는 그런 말도 하지 않았습니다. 음식을 가져오면 "가져왔어? 맛있는 거 골라왔네" 정도였어요.

엄마들은 아이를 챙기느라 엄마 식사는 뒷전으로 하고 (아이를 사랑하는 마음에) 잔소리를 하며 귀찮게 하는 경우가 있습니다. 하지만 유석이 엄마는 아이가 와서 앉으면 따뜻한 눈길로 미소 지어주고, 아이 접시가 테이블 끝에 걸쳐 아슬아슬할 때면 테이블 안쪽으로 접시를 살짝 밀어넣는 정도만 챙기고 엄마 또한 식사를 잘 하더랍니다.

부모님 가이드。

이 이야기를 들으며 저도 느낀 바가 참 많았습니다. 보통 순식간에 어떤 일이 생기거나 당황스러운 상황에 맞닥뜨리면 자신의 안전부터 확인한 뒤 주변을 돌아보기 마련입니다. 본능적으로 자기보호, 자기방어가 우선이니까요. 당혹스러운 상황에서 자신보다 상대방의 안부 또는 안위를 걱정하는 건 굉장히 어려운 일이에요.

그런데 이제 초등학교 1학년인 유석이가 순식간에 일어난 상황에서 오히려 친구 엄마에게 "괜찮으세요?"라고 했다는 건 정말 깜짝 놀랄 만한 일입니다. 아이가 그렇게 대처할 수 있었던 비결은 무엇일까요? 그건 바로 아이 몸에 체득된 좋은 말습관 때문일 것입니다.

또 유석이의 좋은 습관들은 엄마의 영향 때문이 아닐까 생각했습니다. '매너 있는 남자', '매너 있는 사람' 등의 표현은 많이 하지만 '매너 있는 아이'라는 표현이 익숙하지는 않습니다. 매너 있는 아이는 진중해 보이며, 신뢰감을 주어 어른들로부터 좋은 인상과 평가를 받는 것은 물론 친구들 사이에서도 긍정적인 평가를 받게 됩니다. 예의 바른 아이, 매너 있는 아이로 어떻게 키울 수 있을까요?

집에 방문한 손님이 가는데 아이가 무언가에 집중하느라 혹은 쑥스러워 인사를 안 하는 경우가 있어요. 손님에게 미안하고, 아이의 버릇도 고쳐야 된다는 생각에 "너 어른 가시는데 인사도 안 해?"라며 면박을 주기 쉽지만, 그 자리에서 아이를 다그치는 것보다 더 좋은 방법이 있습니다.

아이가 방에서 무언가를 하고 있다면
아이 방에 들어가 아이에게만 들리는 목소리로 "○○ 가시는데 나가서 같이 인사드리자"라고 말하며 아이 손을 잡고 나오는 겁니다. 아이를 존중하면서도 차분하게 가르쳐주는 방법입니다.

아이가 뭔가에 집중하고 있어서 손님이 가시는 걸 몰랐을 수도 있는데 "너는 인사도 안 하니?"라고 큰소리 내면 아이는 졸지에 '인사를 안 하는 버릇없는 아이'가 되어 자존심이 상하고 억울할 수 있습니다. 일상에서 친절하게 가르쳐 주시면 다양한 상황에서 아이가 매너 있는 태도와 말, 행동을 자연스럽게 할 수 있습니다.

아이의 말공부

❶ 누군가와 부딪혔을 때
"아, 깜짝 놀랐잖아요! 부딪쳐서 이거 흘릴 뻔했어요."(×)
"죄송합니다. 괜찮으세요?"(○)

❷ 취침 전과 후
"엄마 아빠, 저 잘게요. 안녕히 주무세요."(○)
"할머니, 안녕히 주무셨어요?"(○)

❸ 외출 전과 후
"(현관에서) 엄마 나 갔다 올게."(멀리서 통보식 인사 50점)
"(엄마에게 가서) 엄마, 나 친구집(학원) 다녀올게."(가까이 가서 가는 곳도 말하면 100점)
"(현관에서 / 아빠에게 가까이 가서) 다녀왔습니다. 아빠!"(○)
외출할 때는 반드시 어딜 가는지 말씀드린 후에 나가고, 다녀와서는 꼭 부모님께 얼굴을 보이며 인사드리는 출필고반필면出必告反必面을 실천해요.

❹ 부모님이 외출하시거나 돌아오셨을 때 현관까지 나가서 인사드리기

"엄마, 다녀오세요."

"아빠, 다녀오셨어요?"

어른들에게 인사드릴 때는 바닥이나 허공이 아닌 어른을 보며 인사드려요.

06
억울할 때 하는 말

"너 자꾸 그러면 나 진짜 안 참는다?"
"뭐? 안 참으면 어쩔 건데."
"확 한 대 때려버릴 거야! 오늘 하루 종일 놀리고 말이야!"
"때려봐~ 때려봐."

혜리와 기현이는 투닥거리면서도 친하게 지내는 단짝 친구입니다. 기현이는 종일 혜리를 놀리며 화를 돋웠어요. 그만 놀리라는 말에도 장난을 멈추지 않자, 기현이에게 신발주머니를 보이며 경고했습니다. 정말 때리려는 것이 아니라 그만큼 화가 났다는 걸 표현하고 싶었어요.

"진짜 마지막 경고야. 더 그러면 신발주머니로 확 때린다!"

"그러든지 말든지. 메~롱."

혜리는 기현이에게 신발주머니를 휘둘렀어요. 기현이는 아프지 않았는데도 장난치듯 "아야" 하며 엄살을 부렸지요. 그 모습을 본 지나가는 아저씨가 말했습니다.

"어, 너희들 길에서 그러면 위험해. 그리고 이 녀석, 친구를 때리면 안 되지!"

"네?"

"친구한테 폭력 쓰면 나중에 나쁜 어른 돼요."

혜리는 당황해서 순간 할 말을 잃었습니다. 기현이는 그런 혜리의 모습을 보고 재미있어 죽겠다는 듯이 깔깔거립니다. 혜리는 기현이에게 '그만 놀리라'는 표현을 한 건데, 아저씨는 전후 사정을 모르고 꾸중하신 거예요. 집에 돌아온 혜리는 엄마에게 말했습니다.

"어른들은 진짜 이상해. 아무것도 모르면서 마음대로 생각하고 얘기해."

"무슨 일 있었어?"

"아니, 오늘 하루 종일 심기현이 놀려서 짜증 났단 말이야. 그만하라고 신발주머니로 살짝 툭 쳤는데 지나가는 아저씨가 나보고 친구한테 폭력 쓰면 나중에 나쁜 어른이 된대, 쳇."

"그 아저씨는 왜 그래? 상황을 잘 알지도 못하면서. 웃기는 사람이네."

엄마와 혜리의 대화를 듣던 아빠는 혜리의 버릇이 없어질까봐 엄마와 반대로 얘기합니다.

"길에서 그러면 위험해. 그 아저씨도 걱정이 되어서 그런 걸 거야."

"아빠도 그 아저씨랑 똑같아. 걔가 나를 얼마나 짜증 나게 놀렸는지 아빤 모르잖아!"

"아빠한테 그렇게 소리 지를래? 그러니까 지나가는 아저씨한테 혼나지!"

부모님 가이드。

아이가 부모님께 솔직하게 어떤 이야기를 했다면 위로도 받고, 배우는 게 있어야 합니다. 그러려면 아이의 말을 귀담아듣고, 아이가 무엇을 말하고자 하는지 공감해준 다음 대화를 이어가 보세요. 아이의 이야기에 따라 공감과 위로로 끝날 상황이 있고, 공감하되 잘 가르쳐야 할 상황 또는 문제를 해결해 주어야 될 상황도 있습니다.

길에서 친구에게 신발주머니를 휘둘렀다는 것 자체는 분명히 잘못된 행동입니다. 물론 친구가 우리 아이를 화나게 했다는 것이 그럴 만한 이유가 될 수도 있지만 위험하니까요. 지나가는 아저씨가 전후 사정을 모르고 가르치려고 했기에 아이가 억울한 것이라면 부모는 아이의 이야기를 잘 들어야 '제대로 가르칠 수' 있습니다.

아이의 이야기 중 핵심은 '억울함'입니다. 지나가는 아저씨가 자신이 왜 그랬는지도 모른 채 '친구에게 폭력을 휘두르면 나쁜 사람'이라고 했기 때문입니다.

말공부 1교시에는 아이에게 '억울할 때 어떻게 말해야 좋은지'에 대해 가르쳐야 합니다. '친구와 사이좋게 놀아라', '신발 주머니로 친구를 때리면 안 돼!'를 가르치는 건 2교시에 해도 됩니다. 아이는 억울하고 창피해서 부모님께 상황을 말한 것이니까요. 그걸 중심으로 대화해 보세요.

"그래서 너는 아저씨께 어떻게 말했니?"

〈대화 1〉

만약 아이가 쿨하게 "그 아저씨는 지나가는 사람이라 아무것도 모르니까 깊게 생각 안 했어" 하고 넘긴다면 엄마도 더 이상 진지하지 않아도 되지만 그래도 창피하고 멋쩍었던 마음을 알아주고, 억울한 마음이 들지 않게 하는 것이 좋습니다.

아이: 아저씨가 갑자기 뭐라고 해서 창피했는데 어른이라 아무 말 못했어.
엄마: 잘했어. 아마 너희가 위험할까 걱정이 되어서 말씀하신 걸 거야.

〈대화 2〉

아이가 아저씨의 꾸지람에 기분이 상했다면, 아이 마음을 풀어줘야 합니다. 어른의 행동, 아이의 행동에 옳고 그름에 대해 결론을 내릴 필요는 없습니다. 답을 내리려 하지 말고 아이와 이야기하며 그때의 감정들이 해소될 수 있도록 해주세요.

아이: 근데 혼나는 기분이 들었어.
엄마: 혼나는 기분? 구체적으로 말해줄래?
아이: 아저씨한테 "그건 아니거든요!" 하고 싶었는데 참았어.
엄마: 길에서 아저씨한테 네 상황을 말한다면 어땠을까?
아이: 어른이니까 잘 들어줬겠지? (혹은)
길이니까 그냥 가셨을 거 같아.

아이의 말공부

❶ 길에서 친구가 장난칠 때

"친구야, 위험해! 장난치지 마."

그런데도 반복한다면

"난 위험하게 놀고 싶지 않아. 나 먼저 갈게."

❷ 친구와 장난하다 "길에서 장난치지 마라"라는 말을 들었을 때

"아, 그게 아니라요!" (×)

'위험한 거 맞아'라고 생각하며 "네, 알겠습니다." (○)

그 다음 친구에게 하는 말

"야 너 때문에 혼났잖아." (×)

"우리 장난치지 말자." (○)

❸ 다 같이 잘못했는데 나만 혼났을 때

"다 같이 잘못했는데 왜 저한테만 그러세요!" (×)

"네, 알겠습니다." (○)

❹ **공부하다 잠깐 쉬는데 아빠가 꾸짖으실 때**

"너 공부 안 하고 TV만 봐?"

"아빠, 저 좀 전까지 공부만 했거든요? 알지도 못하면서." (×)

"아빠, 다녀오셨어요? 지금까지 공부하다 잠깐 보고 있는 건데 5분만 더 봐도 될까요?" (○)

❺ **엄마로부터 오해받았을 때**

엄마가 오해해서 화가 나지만 상황을 차근차근 설명합니다.

"그게 아니라요!"라며 목소리를 높이면 엄마에게 대든다는 느낌을 주어 내 말이 잘 전달되지 못해요.

(오해받아서 억울하지만) 부드럽게 말하려고 노력합니다.

"엄마, 숙제 다 하고 노는 거예요." (○)

07
실수를 해도 예쁨 받는 아이

수업이 시작된 뒤 5분도 채 안 된 시간, 아이가 손을 들며 선생님께 말합니다.

아이 A: 죄송한데요, 지금 화장실이 엄청 급한데 다녀와도 될까요?
선생님: 쉬는 시간에 안 가고 뭐 했어! 지금 꼭 가야 해?
아이 A: 선생님, 저도 참고 싶은데 너무 급해서요. 조용히 빠르게 다녀오겠습니다!

선생님은 허락하셨고, 아이 A는 화장실에 다녀왔습니다.

아이 B: 선생님, 저 화장실 좀 다녀올게요.
선생님: 쉬는 시간에 안 가고 뭐 했어. 지금 꼭 가야 해?
아이 B: 아~ 네~ 저 급하단 말이에요!

선생님은 허락하셨고, 아이 B도 화장실에 다녀왔습니다.
두 아이의 상황은 비슷했습니다. 하지만 수업을 마친 후 아이들이 보인 태도는 달랐습니다.

아이 A: (수업 끝나고) 선생님, 아까 수업 시간에 화장실 다녀와서 죄송했어요. 사실은 앞 시간이 수학이었는데 모르는 문제가 있어서 옆 반 친구에게 물어보러 다녀왔거든요. 문제 다 풀고 화장실을 가려고 했는데 수업 종이 울려서 교실에 들어왔는데, 갑자기 너무 급했어요. 앞으로는 쉬는 시간에 다녀오겠습니다. 선생님 아까 허락해 주셔서 감사합니다.
아이 B: (학교를 마치고 나서 집에 와서 이르듯이) 엄마, 선생님이 나 오늘 화장실 간다고 했는데 못 가게 했어(다녀왔다는 얘기는 생략).

수업이 시작된 지 몇 분 지나지 않아 아이들이 화장실에 가겠다고 하면 선생님 입장에서는 달가운 일은 아닙니다. 선생님이 흔쾌히 "응, 얼른 다녀와" 할 수도 있고, "좀 참을 수 있어?" 할 수도 있고, 반에 따라 아이가 자발적으로 조용히 다녀올 수도 있습니다. 갑자기

설사가 나서 선생님께 미처 허락 받지 못하고 화장실에 뛰쳐나갈 수도 있으며, 쉬는 시간에는 괜찮다가 수업 종이 울리자마자 갑자기 화장실에 가고 싶어질 수도 있습니다.

아무리 자상한 선생님이어도 아이에게 상세하게 상황을 물어볼 여유가 없을 수 있으므로 "쉬는 시간에 뭐하고 수업시간에 다녀와?"라며 지나가듯 이야기할 수도 있고, 이를 계기로 "여러분 앞으로 화장실은 쉬는 시간에 다녀오세요"라고 공지할 수도 있습니다. 이렇게 다양한 경우가 있지만 아이에 따라 민망함을 느낄 수도 있고, 창피함을 느낄 수도 있어요.

우리 아이는 앞의 사례에서 A와 B 중 어느 아이에 해당할까요? 우리 아이가 상황에 따라 지혜롭게 대처하고 처신한다면, 아이 자신뿐 아니라 선생님께도 '참, 멋진 아이'로 여겨집니다. 아이에게 상황에 따른 '태도(표정)'와 '말'을 가르쳐 주세요. 비슷한 상황에서도 아이들은 서로 다른 태도를 취합니다. 그 태도에 따라 상대방의 태도도 달라지지요. '사랑할 수밖에 없는 아이'로 만드는 말공부 시작해볼까요?

부모님 가이드○

아이 A는 쉬는 시간에 옆 반 친구에게 어려운 문제를 물어보느라 화장실을 못 갔습니다. 이유가 있음에도 선생님의 말씀에 변명하지 않았어요. 만약 아이 A가 선생님께 바로 대답하면 이유가 '변명이나 대꾸'로 들릴 수 있고, 수업 흐름에 방해가 됩니다. 같은 상황이더라도 수업이 끝난 후 조용히 공손하게 말씀드려 '변명'이 아닌 '설명'으로 전달될 수 있었어요.

선생님의 지적, 나무람 등에 대해 나름대로의 이유나 할 말이 있더라도 당장은 "선생님, 알겠습니다" 혹은 "감사합니다"라고 한 뒤 수업이 끝난 후 개인적으로 선생님께 자초지종을 설명하는 아이와, 선생님이 말하자마자 "그게 아니라요~" 하면서 변명부터 하는 아이. 아이 A처럼 그 즉시 변명하지 않고 나중에 차근차근 설명하거나 선생님의 핀잔에도 부드러운 말투로 대답한다면 어떤 선생님이라도 아이를 존중할 겁니다.

율곡 이이 선생님은 사람이 지켜야 할 9가지 올바른 생각인 구사구용 九思九容 중 하나로 색사온 色思溫 을 말씀하셨는데요. 아이에게 이 말을 들려주시면 좋겠습니다.

"5000원 권에 나와 있는 율곡 이이 선생님은 항상 자신의 얼굴색이 온화한지 생각해보라고 그러셨어. 누군가에게 말할 때 네 얼굴색이 부드럽고 편안한지 잘 생각하면 보는 사람도 기분이 좋고 네 말이 잘 전달될 거야."

미운 짓(실수)을 해도 예쁨 받는 아이에 대해 이야기하고 있지만 우리 아이가 잘못하고 나서 상황을 모면하는 법을 가르치는 것이 아닙니다. 자신의 잘못을 얼른 인정하고, 억울하다고 해서 표정과 말투를 함부로 하지 않도록 하며 언제 설명하는 것이 가장 적절한지를 알려주는 것입니다. 율곡 선생님은 '온화하지 않은 표정은 상대의 기분을 다치게 하고 결국 화를 불러들인다'고 했는데요. 설상가상雪上加霜 상황을 만드는 아이가 아니라 전화위복轉禍爲福이라는 말처럼 위기(문제)조차 기회로 만드는 지혜로운 아이가 되도록 도와주세요.

특히 우리 아이가 "선생님은 나만 미워해" 하는 아이라면 태도, 표정, 말투를 눈여겨 잘 봐주세요. 여럿이 모였을 때, 처음부터 눈에 들어 예쁜 아이가 있을 수 있지만 갈수록 예쁘고 사랑스러운 아이가 있습니다. 잘하는데도 왠지 마음이 덜 향하고 정이 안 가는 아이가 있는가 하면, 무언가를 특출나게 잘하지 않으면서도 주목 받고 사랑받는 아이가 있어요.

부모님이 초등학교 선생님이라면 우리 반 20~30명의 아이 중 어떤 아이가 예쁘고 사랑스러워 보일지 생각해보고 아이에게 가르쳐 주시면 좀 더 효과적인 말공부가 될 겁니다. 태도와 표정이 좋은 아이는 사랑스러워 보이고, 한 번이라도 부드러운 눈길이 갑니다. 그런 대접을 받은 아이는 자기 가치감을 확인하며 자존감도 높아져요.

부정적인 감정과 긍정적인 감정 모두 소중하지만, 자신의 불쾌한 감정을 여과 없이 표현하는 아이와 '선생님이 저렇게 말씀하신 데는 이유가 있을 거야'라고 생각하면서 다시 한 번 생각하는 아이는 반응이 다를 수밖에 없습니다. 아이의 말공부에서 중요한 것이 바로 '표정'과 어른들의 말씀을 들었을 때의 '태도'입니다.

아이에게 "말 예쁘게 해", "표정 풀어"라는 말보다 어떻게 말해야 예쁜지, 어떤 표정이 부드럽고 보기 좋은지에 대해서 가르쳐 주세요. '이렇게 해라, 저렇게 해라' 직접적으로 가르치지 않아도 이런 대화와 질문을 통해 아이는 충분히 선택할 수 있습니다.

엄마: '쟤는 어떻게 저런 잘못을 했는데도 예쁘지?'라는 생각이 드는 친구가 있니?
아이: 응, 엄마, ○○는 실수하면 얼른 사과하고 잘못을 인정해.

아이에게 자신의 태도를 생각해보게 하는 질문

"아, 그렇구나. 만약 친구랑 둘이 잘못했는데 선생님이 너한테만 뭐라 하시면 너는 어떤 기분이 들어?"

"그럴 때 너는 어떻게 하니?"

"만약 선생님이라면 너는 어떻게 말하는 친구가 더 예쁘게 느껴질까?"

"만약 네가 선생님이라면 아이들이 지각해서 '너 왜 지각했어?'라고 말씀하셨을 때, 입을 쭉 내밀고 '다 이유가 있는데 그것도 모르고 혼내시긴……' 하며 토라지는 아이와 '선생님 죄송합니다. 다음부터는 지각 안 할게요'라고 미안한 마음을 담아 상냥하게 말하는 아이 중 어떤 아이가 더 예쁠까?"

아이는 자라면서 많은 관심과 칭찬을 받지만, 지적도 받고 억울한 일도 겪을 거예요. 그럴 때 실수나 잘못을 했음에도 좋은 태도와 표정으로 오히려 상황을 역전시키는 사람이 있어요. 우리 아이가 그런 아이였으면 좋겠습니다.

아이의 말공부

❶ 실수나 잘못했을 때

어른에게 가까이 다가가서
"죄송합니다. 제가 ~한 실수를 했는데 잘못했습니다."(○)
상대방이 알아챌 때까지 가만히 속으로만 반성한다면 '잘못하고도 인정을 안 하는구나'라고 생각할 수 있습니다.

'충분히 반성하고 있었는데 꼭 저렇게 말해야 하나?'라는 생각 (×)
바로 변명하지 않고 "알겠습니다. 죄송합니다."(○)

❷ 잘못하지 않았는데 오해받거나 혼났을 때

"그게 아니라요." "왜 잘 알지도 못하면서 그러세요?" (×)
억울하더라도 따지거나 대들면서 말하지 않아요.

"네, 알겠습니다." "앞으로 조심할게요." (○)
그런 후에 개인적인 공간에서 차분하게 상황을 설명드려요.

❸ 어른에게 도움을 구하거나 요청할 때

"제가 이 부분을 잘 모르겠는데 좀 가르쳐 주시겠어요?"

"선생님, 이것 좀 도와주세요."

"도와주시면 감사하겠습니다."

도움을 받은 후

"가르쳐 주셔서 감사합니다."

"도와주셔서 감사합니다."

4장

자존감이 높아지는 아이의 말공부

01
양보만 하는 아이

다투고 나면 먼저 사과를 하고, 자신이 가진 것을 언제든 친구들에게 나눌 줄 아는 양보와 배려심이 많은 아이, 어떤가요? 남의 아이 이야기라면 "이런 아이들이 많아야 할 텐데" 하며 흐뭇하지만 우리 아이라면 '양보'와 '배려' 대목에서 살짝 걸리기도 합니다. 자칫하면 '자기 것도 못 챙기면서 퍼주는 아이', '남에게 할 말을 제대로 못하는 아이'가 될 것 같아 걱정이 됩니다.

6살 나연이는 부모님, 조부모님과 함께 자라 예의 바르고 책을 많이 읽어 표현력이 좋다는 말을 많이 들었습니다. '어릴 때부터 어린이집, 유치원 등에 보내 단체 생활 속에 치이게 하는 것보다 가족과 함께 시간을 보내는 것이 더 좋다'는 부모님의 교육관에 따라 홈스쿨링을 선택했어요. 4살까지 홈스쿨링을 한 나연이는 5살이 되면서 유치원에 처음 입학했습니다. 적응도 잘하고, 친구들보다 발달이 빠른 나연이는 1년간 칭찬만 들었습니다.

"나연이는 양보를 잘해요."

"나연이는 정말 의젓해서 친구들의 마음을 잘 이해하고 배려심이 정말 많아요."

그런데 어느 날 하원 차에서 내리는 나연이의 표정이 시무룩했습니다. 엄마는 손을 잡고 집으로 오면서 이유를 물었고 나연이는 "아니야, 아니야. 엄마" 대답하다가 집에 도착하자마자 '으앙' 하고 울음을 터뜨렸습니다. 나연이 마음이 조금 누그러지도록 기다린 엄마는 나연이를 안아주며 물었어요.

"엄마한테 얘기해주면 좋겠어. 그럼 우리 나연이도 덜 슬플 거고."

"아니야, 엄마. 엄마가 내 슬픔을 가져가니까 나는 그게 더 싫어."

"슬픔은 나누는 거잖아. 나누면 작아지고 또 나누면 작아지니까 우리 나눠보자."

"정말? 엄마 난 슬퍼. 맨날 맨날 나는 양보만 해."

홈스쿨링으로 가족과 함께 시간을 많이 보낸 나연이는 친구들과의 다툼이나 갈등 없이 잘 자랐어요. 그래서 친구가 갑자기 장난감을 달라고 하면 "갖고 놀고 싶어? 그래, 가지고 놀아"라는 반응을 보였고 그때마다 유치원 선생님들은 "나연아, 나연이는 정말 멋지구나" 하며 칭찬을 아끼지 않았습니다.

하지만 이렇게 친구들과 1년 넘게 지내다 보니 나연이는 뭔가 이상한 마음, 억울한 마음이 들었습니다. 친구들은 자신이 요청해도 바로 양보해주지 않았고, 반대로 나연이에게는 아무렇지도 않게 계속 요구만 했습니다.

양보하지 않아도 괜찮아

일반적으로 엄마들은 '우리 아이가 양보할 줄 몰라서 어떡하나', '자기만 알아서 어떡하나'라는 고민을 하지만 나연이는 그럴 필요가 없었습니다. 이미 양보를 할 줄 아는 아이였으니까요.

이후 엄마는 "너도 다른 친구한테 달라고 해도 돼", "친구가 양보하라고 해서 꼭 양보하지 않아도 돼"라고 말했습니다. 엄마의 말에 나연이는 "엄마, 그렇게 말해도 돼? 그럼 그 친구 마음이 아프잖아" 할 뿐이었습니다.

엄마의 걱정에 유치원 선생님과 이웃 어른들은 아이가 양보를 잘하고 배려심 많아 친구들이 좋아한다고 칭찬했지만, 엄마는 그 말에 가슴이 와르르 무너지는 것 같았습니다. 양보하면서도 속상하고 억울한 모습을 보이지 않으려고 유치원에서는 무던히 애쓰는 것 같아 안타까웠습니다. 이제 와서 친구에게 양보하지 말라고 말하자니 올바르지 않은 것을 가르치는 것 같아서 "꼭 양보하지 않아도 된다"고 가르쳤지만 아이에게 혼란만 주는 것 같아 엄마는 어떻게 해야 할지 모르겠습니다.

부모님 가이드.

"엄마, 내가 정말 재미있게 책을 읽고 있었는데, 친구가 '야, 그거 내가 읽고 싶던 거였어'라고 말했어."

그러면 나연이는 얼른 책을 덮고 그 아이에게 주었습니다. 나연이가 기쁜 마음으로 주었다면 문제는 없습니다.

하지만 책을 건네준 다음 나연이의 표정은 슬픕니다. 그 책을 끝까지 읽고 싶었거든요. 친구가 그 책을 보고 싶다고 하니 주긴 했는데, 마음으로는 안 주고 싶었던 겁니다. 아이가 억지로 양보하고 속상해한다면, 자신의 의사를 잘 표현할 수 있는 방법을 배워야 합니다.

아이가 지금까지 어른들과 생활하면서 안정적이고 갈등이 없는 환경에서 자랐기 때문에 양보하지 않는 것을 받아들이기 어려울 수 있어요. 부모님, 조부모과 시간을 보내면서 자연스럽게 양보의 미덕은 배웠지만, 양보하고 싶지 않을 때 어떻게 대처해야 하는지에 대해서는 배우지 못했으니까요. 양보할 때, 양보하고 싶을 때, 그리고 싶지 않을 때 어떻게 말해야 하는지, 거절의 말이 나쁜 말이 아니라는 것을 가르쳐 주어야 합니다. 어떻게 가르쳐주면 좋을까요?

만약 "너도 다른 친구한테 좀 달라고 해. 친구가 양보하라고 해서 꼭 양보하지 않아도 돼"라고 말했을 때, 아이가 "엄마, 그렇게 말해도 돼?"라고 한다면 어떻게 대답해줘야 할까요? "싫어. 이건 내가 먼저 가졌으니까 내 거야. 너는 다른 거 갖고 놀면 되잖아"라며 6세 아이 수준으로 지금보다 낮춰 대답하라고 알려주면 나연이가 내면의 갈등으로 더 힘들어집니다. 어떤 상황이었는지 아이의 말을 잘 들어보세요. 아이의 상황을 충분히 알아야 가르쳐줄 수 있습니다.

나연: 엄마, 내가 정말 재미있게 책을 읽고 있었는데, 친구가 "야, 그거 내가 읽고 싶던 거였어"라고 말했어.
엄마: 그래서 어떻게 했어?
나연: 그냥 줬어. 그 친구가 그 책을 읽고 싶다고 했으니까.
엄마: 그 친구에게 주고 나서 나연이 기분은 어땠어?

아이의 감정을 따라가면서 이야기를 나누세요. 아이가 미처 만나지 못한 자신의 속마음까지 파악해서 스스로 수용하도록 해야 합니다.

엄마: 양보는 좋은 행동이야. 하지만 양보하고 나서 기쁘지 않고 속상하다면 어떻게 해야 할까?
나연: 내가 양보 안 하면 친구가 속상하잖아.
엄마: (아이의 마음 알아주기) 그래. 양보를 받지 못하면 그 친구

가 속상할 수 있지. 그럼, 우리 나연이가 앞으로도 속상한 걸 참고 양보해도 괜찮을까?

나연: 아니, 나도 속상해.

엄마: (아이가 수긍할 수 있는 질문으로) 그럼 양보할 수 없는 상황을 잘 설명하면 어떨까?

그리고 양보를 안 하는 것이 '나쁜 거절'이 아니라는 것을 알려주세요. 누구나 선택하고 결정할 자유가 있고, 그 권리를 잘 표현해야 건강한 관계를 오래도록 지속시킬 수 있습니다. 양보를 하면서 억울한 느낌이 든다면 아이의 인간관계는 힘들어집니다. 양보와 거절을 잘 조율할 수 있게 하는 말공부는 협상하는 기술, 끌려다니지 않는 주도적인 삶으로 승화되어 아이의 인생에 큰 힘이 됩니다.

아이의 말공부

유치원에서 책을 읽고 있는데 친구가 책을 달라는 경우

❶ 내가 계속 읽고 싶다면

"친구야, 내가 먼저 읽고 너 줄게."
"친구야, 이거 보고 싶어? 그럼 내가 얼른 읽고 주면 될까?"

❷ 기쁜 마음으로 양보하고 싶다면

"아, 그래? 너도 읽고 싶어? 그럼 먼저 읽어. 그 다음에는 나 줘야 해."
내가 읽고 싶은 다른 책을 찾아 읽어요.

친구가 다 읽고 책을 주었을 때

"다 읽었어? 약속 지켜줘서 고마워."

❸ 양보하고 싶지 않다면(대안 제시)

"친구야, 나는 지금 이 책을 읽고 싶어. 그동안 다른 책 보고 있을래?"
"너도 읽고 싶다면 나랑 같이 봐도 돼."

❹ **양보하지 않아 마음이 불편하면**

'양보하지 않는다고 친구를 힘들게 하는 것은 아니야. 내 생각도 중요해'라고 생각하며 불편한 마음을 떨쳐버리는 연습해요.

02
말 한마디의 힘을 아는 아이

"엄마, 오늘부터 저랑 같이 스트레칭해요!"

"갑자기 웬 스트레칭?"

"학교 체육시간에 스트레칭을 했는데, 제가 뻣뻣해서 잘 못했거든요. 그러니까 친구들이 놀리는 거예요. 나무 막대기냐면서 웃는데 분해서 안 되겠어요!"

"에고~ 그런 일이 있었어? 꾸준한 스트레칭은 건강에도 좋으니 같이 매일 연습하자. 덕분에 엄마도 건강해지겠는 걸?"

"엄마, 더 웃긴 건 뭔지 아세요? 저를 놀리면서 한다는 말이 뻣뻣한데 노력하는 모습이 귀엽대요. 대놓고 놀리는 것보다 그 말이 더 기분 나빠요!"

아이의 말에 엄마는 잠시 생각에 빠집니다. 어린 시절 엄마가 겪었던 일화가 떠오른 겁니다.

"주안아, 갑자기 엄마 어렸을 때 일이 생각났는데 한번 들어볼래?"

"엄마! 어떤 얘긴데요?"

"엄마 어릴 때 꿈이 선생님이었던 거 알지? 엄마는 어릴 때부터 공부가 참 재미있었어. 친구들이 모르는 문제를 해결해주거나 도와줄 때 행복해서 선생님이 되겠다고 다짐했지."

"정말요? 그런데 왜 선생님이 되지 않았어요?"

"엄마의 작은 말실수, 친구의 말 한마디에 마음이 변했던 것 같아."

"궁금해요!"

"어느 날 친구가 엄마한테 수학 문제 하나가 어렵다며 물어보더라고. 친구가 엄마한테 문제 해결을 부탁한 게 뿌듯해서 '에이~ 이 문제 못 풀어?'라고 말하면서 풀어줬거든. 그런데 그 친구는 엄마 말에 기분이 상한 거야. 자길 무시한다는 생각이 들어 자존심이 상했나봐. 그런데 사실 엄마는 그런 뜻이 아니었거든. 엄마가 표현을 잘못했던 거겠지?"

"아, 나는 그 마음 알겠다! 잘난 척하는 것 같잖아. 히히."

"그랬나봐. 근데 그 친구는 엄마한테 직접 말하지 않아서 당시에는 기분 나쁜 줄 모르고 있었어. 그러다 며칠 지나서 다른 친구가 엄마한테 얘기를 해줬는데, 그 친구가 엄마 험담을 했다는 거야. '이 문제도 못 풀어?'라고 말하면서 자기를 무시했다고 얘기하고 다니면서

'걔는 아마 선생님이 돼도 애들 무시해서 미움받을 거 같다'고 했대. 그 말이 엄마한테 상처가 된 것 같아. 항상 친구들이 물어보면 기쁜 마음으로 문제를 풀어주고 가르쳐줬는데, 친구들은 그동안 속으로 어떤 생각을 했을지…….”

"그런 뜻이 아니었다고 친구랑 화해하면 됐잖아!"

"그랬으면 괜찮았을까? 그런데 그땐 엄마도 어릴 때라 상처 받고 말았던 것 같아. 그러면서 선생님의 꿈에서 한 발 멀어졌지. 주안이는 엄마 같은 경험 없니? 오늘 네 얘기를 들으니 엄마는 그때 생각이 나네. 주안이가 참 속상했겠다는 생각이 들면서도 그 친구도 아마 어릴 때의 엄마처럼 나쁜 뜻 없이 정말 주안이가 노력하는 모습이 귀여워 한 말인 것 같단 생각도 들었어."

"그럴 수도 있을까요? 엄마 말 듣고 나니 마음이 조금 풀리는 것 같아."

"친구의 마음을 정확하게 알 수는 없지만, 아마 엄마 생각엔 '귀여워서 웃었다'는 말은 진심인 것 같아. 말 한마디라는 게 얼마나 큰 힘을 갖고 있는지 다시 한 번 생각하게 되지 않니? 말 한마디로 남에게 존중의 뜻을 전할 수도, 남의 자존감을 낮출 수도 있어."

"응, 엄마. 정말 말이라는 건 어려운 것 같아요."

"엄마도 아직 어려울 때가 있어. 하지만 지금 주안이처럼 말하는 건 어렵고 조심스러운 거라고 생각하면 아마 상대방의 기분을 나쁘게 하거나 존중하지 않는 말을 하는 일은 줄어들지 않을까?"

"웅, 엄마. 역시 엄마한테 말하길 잘했어요."

부모님 가이드。

말 한마디로 남을 존중할 수도, 내가 존중 받을 수도 있다는 사실을 부모님이 직접 일깨워 주어야 합니다. 자라면서 아이가 스스로 배우게 될 수도 있겠지만 미리 배워 방지한다면 친구에게 상처 받고, 상처 주는 일이 줄어들 테니까요.

친구에 대한 오해가 많아질수록 아이 자존감은 낮아집니다. 친구에 대한 오해가 없는 아이, 자존감이 높은 아이는 친구의 말 한마디 한마디를 있는 그대로 받아들이고 존중할 줄 알거든요. 아이에게 말 한마디가 가진 힘, 어떻게 가르쳐줘야 할까요?

'말 한마디로 천 냥 빚을 갚는다.'
'가는 말이 고와야 오는 말이 곱다.'
'말이 씨가 된다.'

격언이나 속담을 통해 설명해 주거나 상황극을 통해서 아이가 직접 경험할 수 있도록 해주세요. 말 한마디에는 마음의 빚, 금전적인 빚까지 모두 갚을 만큼 커다란 힘이 담겨 있으며 또 고운 말을 해야 고운 말을 들을 수 있다는 것, 어떠한 상황이나 사건의 결과를 반전시킬 만큼 큰 영향을 줄 수도 있다는 것을 알려주세요.

말의 중요성을 알려주는 질문

"말 한마디로 기분이 얼마나 달라질 수 있는지 얘기해볼까?"

"아무렇지도 않게 한 말이더라도 듣는 사람 입장에서는 자존심이 상할 수도 있어. 어떤 말들이 그럴까?"

아이의 말공부

❶ 친구가 무언가를 가르쳐달라고 했을 때

"넌 이것도 몰라?" "이렇게 쉬운 문제도 몰라?" (×)
→ (친구의 생각) '왕재수. 조금 안다고 잘난 척하기는……'

"이 문제 궁금해? 같이 풀어볼까?" (○)
→ (친구의 생각) '똑똑하고 성격도 짱!'

❷ 친구가 같은 질문을 반복할 때

"이거 아직도 몰라? 내가 가르쳐줬잖아." (×)
"너 이거 어제도 물어봤잖아." (×)
→ 친구를 무시하려고 한 말이 아니더라도, 무안하고 자존심 상할 수 있는 말

"아, 이 문제? 어디… 볼까? 그러니까 이 문제는~." (○)
→ 친구는 어려워서 묻는 문제이므로 너무 쉽게 접근하기보다 모르는 친구가 무안하지 않는 분위기로 풀어보기

"이 문제 헷갈려하는 친구들이 많더라."(○)
→ 친구가 같은 질문을 반복하더라도, 처음 질문 받은 것처럼 알려주기

❸ 친구의 질문을 해결해주고 난 뒤

"내가 문제 풀어줘서 고맙지?"(×)
"너도 열심히 공부하면 나처럼 공부 잘할 수 있어."(×)
"내 설명 잘 들었어? 그럼 한번 다시 설명해봐!"(×)
→ 거들먹거리는 말투나 잘난 척하는 말투 사용하지 않기
→ 마치 선생님이 된 것처럼 가르치는 말투로 말하거나 친구를 동생 대하듯 하지 않기

"내게 물어봐줘서 고마워."(○)
"내가 너에게 도움이 됐다니 기쁘다!"(○)
"너랑 다시 문제 풀어보면서 나도 정확히 알게 된 것 같아."(○)
"네 덕분에 복습해서 나도 도움이 됐어."(○)

❹ 친구에게 서운한 말을 들었을 때

'어떻게 저렇게 말하냐?' (×)

'내가 오해한 걸 수도 있어.' (○)

03
창피를 당하거나 무안할 때

좋은 말은 사람을 힘 나게 하고 나쁜 말은 힘 빠지게 합니다. 그렇기 때문에 좋은 말을 해주는 사람에게는 마음이 가고, 나쁜 말을 하는 사람은 싫고 불편해집니다. 그래서 '내가 듣고 싶은 말'을 해주는 사람에게 끌리기 마련입니다.

아이들도 마찬가지입니다. 칭찬이나 애정 어린 관심의 말을 듣고 싶어 합니다. 상대방의 반응이나 말이 '내가 기대하는 바'가 아닌 경우 실망이나 무안한 감정을 느끼게 되는데요. 이때 아이들은 자신이 '무시당했다'고 생각하기도 합니다.

태경이는 수업시간에 집중을 잘하고 착실해 선생님께 자주 칭찬을 듣습니다. 태경이 담임선생님은 아이들의 수업 참여도를 높이고 표협력을 길러주기 위해 조별 활동이나 발표를 자주 시키는 편입니다.

"각자 생각해보고 한 명씩 이야기해볼까?"

수업 시간에 발표하는 것은 떨리고 긴장되는 일입니다. 선생님에게 칭찬 받는 것을 좋아하는 태경이는 두 배 더 긴장합니다. 아는 것을 질문할 때면 속으로 '저에게 물어봐주세요'라고 생각하지만, 간혹 모르는 것을 물어볼 때는 선생님의 시선을 외면하며 애꿎은 필통만 만지작거립니다. 돌고 돌아 선생님의 질문에 태경이가 대답할 차례가 되어 준비한 답을 말했습니다.

"선생님, 저는요~."

"그건 아까 찬우 의견이랑 비슷하잖아. 이미 이야기한 건 빼고 생각해보자. 다음, 예진이는?"

주어진 수업 시간을 더 알차게 보내기 위한 선생님의 결정이었겠지만, 아직 어린 태경이로서는 선생님의 뜻을 헤아리기 쉽지 않습니다. 애써 고민한 다음 발표했는데 선생님이 바로 다른 친구에게 발언권을 줘버리니 창피했어요. 순간 무안해지면 아이는 자존감과 자신감이 떨어지고 마음의 상처를 입기도 해요.

"엄마, 선생님이 나 무시해."

이때 엄마는 어떻게 대처하는 게 좋을까요?

"그게 무슨 무시야? 그러니까 다른 친구가 발표한 거 말고 창의적인 대답을 해야지."

"내가 먼저 그 생각했는데 찬우가 먼저 말했단 말이야."

"그러니까 다른 친구가 발표하기 전에 네가 먼저 했으면 좋잖아. 나중에 할수록 불리해지니까 다음에는 먼저 발표해 알았지?"

부모님 가이드。

아이는 엄마의 말에서 무엇을 배웠을까요? 오히려 '괜히 말했다'고 후회하지 않을까요? 아이가 억울하고 무안할 때, 그 일을 엄마에게 말한 것만으로 칭찬 받아야 합니다. 어려운 얘기를 한 거예요. 아이들은 칭찬 받을 이야기가 아니면 부모님께 말하길 꺼립니다. 혼나고 싶지 않거든요. 대개 소심한 성격을 가진 아이들이 상처를 입을 거라 생각하지만, 오히려 남 앞에 나서거나 주목 받는 것을 좋아하는 아이들이 더 큰 충격을 받기도 합니다.

이때 엄마의 반응이 중요합니다.

"뭐 그런 것 가지고 의기소침해서 그래. 선생님이 그렇게 말씀하실 수도 있지."

엄마에게 학교에서 있었던 일을 털어놓는다는 것은 엄마에게 위로 받고 싶다는 뜻이었을 텐데, 엄마가 별일 아니라는 듯 대수롭지 않은 반응을 보이면 아이의 감정은 존중 받지 못한 것이 됩니다. 아이의 부정적(무안함) 감정도 알아주고, 선생님에 대한 오해도 풀어주어야 합니다. 그래야 '선생님 싫어. 미워'라는 아이의 마음도 풀리고 학교생활도 즐겁게 할 수 있어요.
이렇게 말해주세요.
"엄마에게 말해줘서 고마워."
그런 다음 무안한 감정은 상대방의 의도와 상관없이 느낄 수 있음을 알려주고, 선생님의 입장과 의도를 이야기해줘야 합니다. 아이의 오해를 풀어주는 거죠.

아이의 오해를 풀어주고 마음을 다독여주는 말
"고민해서 발표했는데, 선생님께서 귀 기울여 들어주지 않았다는 생각이 들면 서운하고 순간적으로 무안할 수 있지."
"하지만 선생님은 너의 말을 무시하려던 게 아닐 거야. 다음 수업을 위해 넘어갈 수밖에 없었던 건 아닐까?"
"모든 친구들 이야기를 다 들어주고 발표 기회를 주면 좋겠지만, 수업시간에는 제한이 있단다."

아이의 오해로 인해 선생님이 속상할 수도 있다는 것을 알려주세요.

"네가 오해했다는 사실을 선생님께서 알면 아마 속상하실 거야. 선생님은 모든 아이들을 사랑하시거든."

선생님에 대한 오해를 풀어 아이가 수업에 적극적으로 참여할 수 있어야 합니다. 아이가 선생님을 좋아해야 수업시간도 좋아집니다.

아이의 말공부

선생님이 나를 무안하게 하는 상황이 발생했을 때
'치, 선생님은 날 무시해!' (×)

❶ 생각 바꾸기

'선생님이 나를 무시하는 게 아니라 친구들과 다른 의견을 원하시는 거구나.'
"네, 선생님. 그럼 다른 답이 생각나면 말씀드릴게요."

❷ 무안해하지 않고 적극적으로 대처하기

궁금한 것이 있으면 바르게 손을 들어 질문이 있음을 표현합니다.
(손을 들고) "선생님, 질문 있습니다!"

❸ 긍정적으로 해석하기

'선생님은 나를 사랑하지만 어쩔 수 없는 상황이구나.'
(선생님이 만약 반응이 없으시다면) '못 들으신 걸 거야.'

04
부정적인 감정을
건강하게 표현하는 말

"엄마, 내가 돼지 같아?"

학교를 마치고 온 수완이는 엄마에게 질문합니다. 아이의 엉뚱한 말에 순간 엄마는 귀가 쫑긋해지며 이내 미간이 찌푸려집니다.

"갑자기 무슨 실없는 소리야. 누가 너보고 돼지래?"

"오늘 학교 급식실에서 반찬 더 달라고 했더니 한상민이 나보고 돼지래."

"네 반찬만 부족했어?"

"그런 건 아닌데… 불고기 더 달라고 했는데 아주머니가 '이제 불고기 없어. 반찬은 다 똑같이 주는 거야'라고 했거든. 그 말을 듣고 옆에 있던 한상민이 돼지라고 하니까 옆에 있는 애들도 막 같이 웃었어. 짜증 나서 밥 혼자 먹었어!"

"으이구! 또 고기반찬만 먹었어? 엄마가 골고루 천천히 먹으랬지. 네 몫 먹었으면 됐지, 뭘 더 달라고 해! 그리고 친구가 그런 말했다고 뭘 꽁해 있어. 그러니까 더 무시당하지."

"엄마는 왜 나한테 그래? 엄마도 나를 돼지라고 생각하는 거야?"

"얘는 또 얘기가 왜 그쪽으로 빠져. 얼른 내일 준비물이나 챙겨. 속상해서 정말!"

'엄마 미워!'

엄마의 말에 서운한 수완이는 마음을 쾅 닫아버립니다. 학교에서 돼지라고 놀림당한 것도 분한데, 엄마가 위로는커녕 핀잔을 주니 세상에 내 편은 없는 것 같아 슬퍼졌습니다. 수완이는 '내일 학교에서 또 돼지라고 놀리면 주먹을 날려버릴까'라는 생각까지 듭니다. 분노가 치밀어 오르는 밤이에요.

엄마도 친구들처럼 수완이를 돼지 같다고 생각한 걸까요? 절대 아닐 겁니다. 속상한 마음에 아이에게 큰소리를 낸 거겠죠. 아이가 부정적인 감정을 보일 때, 부모는 더 부정적인 마음을 갖게 됩니다. 왜냐하면 부모 입장에서 우리 아이에게는 늘 행복한 일만 있었으면 좋겠는데, 아이가 밖에서 대접 받지 못하는 것 같으니 속상합니다.

엄마는 어쩌면 아이의 행동을 고쳐주고 싶었던 것일지도 모릅니다. 아이가 좋아하는 것만 골라먹는 습관을 고쳐주고 싶었던 건데, 말하다 보니 화가 치밀어 오른 거예요. 우리 아이가 급식시간에 평소 좋아하는 고기반찬을 달라고 하다가 거절당한 것도 속상하고, 옆에서 돼지라고 놀리며 무안 주는 친구를 만난 것도 속상합니다. 그런데다 그런 상황에 서툴게 대처한 내 아이가 바보같이 느껴져 더 마음이 복잡해집니다.

꽃길만 걷고 싶게 하고 싶은데, 왜 우리 아이가 가는 길에 장애물이 생기는 걸까? 그럴 때 우리 아이는 왜 대범하게 대처하지 못할까? 이래저래 화가 납니다.

아이가 기뻐할 때는 "와~ 그랬어?", "오오!" 정도로 끝나지만 아이가 부정적인 상황이나 감정을 말할 때는 수완이 엄마처럼 말이 거칠어지지 않나요? 속상해서, 고쳐주고 싶어서 할 말도 많아집니다. 혼까지 내면서 말이죠. 그러나 아이 입장에서는 엎친 데 덮친 격으로 더욱 부정적인 감정이 듭니다. '엄마한테 괜히 말했어'라는 후회도 하면서 말이에요.

아이가 부정적인 감정(짜증, 우울, 속상함)을 말할 때는 1차적으로 감정을 잘 처리하도록 해야 합니다. 이걸 누군가가 받아주고 풀어줘야 하는데 그러기도 전에 엄마가 화부터 내고 억압을 합니다.

"뭘 그런 걸 갖고 그래."

"또? 왜 매번 바보같이 당해?"

감정을 처리하지 못한 아이는 엄마에게 대들고 짜증을 내면서 불만을 차곡차곡 쌓아놓습니다. 그러다 어느 날, 엉뚱한 상황에서 '폭발'시키는 겁니다.

아이가 밖에서 불편한 감정을 처리하지 못하고 부모님을 찾을 때가 바로 '기회'입니다. 아이의 자존감을 높여줄 수 있는 기회예요. 아이는 부모님이 자신의 부정적 감정을 잘 받아줄 때, 아이 스스로 부정적인 감정을 승화시키며 자기 가치감과 안정감을 느낍니다. 부모라는 믿을 만한 존재가 자신의 불편함을 알아주고 감정을 가라앉게 하면서 앞으로 어떻게 해야 할지를 가르쳐 주니까요. 자존감의 요소 중 '안전감'은 부정적인 상황과 불편함이 해소되고 편안해져야 느낄 수 있기 때문에 아이의 부정적 감정에 대한 부모님의 반응이 중요합니다.

부모님 가이드。

1. 아이의 이야기를 끝까지 듣습니다.

아이가 짜증 난 목소리와 표정을 하면 부모님도 덩달아 화가 나기 마련입니다. 아이의 말을 끝까지 들어주는 건 사실 굉장히 어렵습니다. 이때는 마음속으로 이렇게 말해보세요.
'잘 듣자. 끝까지 듣자. 화내지 말자.'
잘 들어야 가르쳐줄 수 있습니다.

2. 그때 어떤 기분이었는지 물어봅니다.

"아줌마가 반찬 없다고 했을 때 어땠어?"

아이는 당황했을 수도 있고 화났을 수도 있습니다. 성격에 따라 무안함을 느꼈을 수도 있어요. 이 부분을 공감해주고 그때 아이가 자신의 감정을 알아차리는지에 대해 이야기 나눠야 합니다.

"무안했어?"

사실 아주머니는 아이가 무안하라고 그렇게 말씀하신 게 아닐 겁니다.

"그분이 너 화나게 하려고 한 건 아니야."

"그저 반찬이 더 없다는 사실을 이야기한 거지."

"급식은 여러 명의 친구들이 동시에 먹는 거라 공평하게 나눠 줄 수밖에 없을 거야."

아이의 감정을 부정하라는 의미가 아니라, 아이가 '오해하는 부분'이 있다면 이해할 수 있도록 도와야 합니다.

자신의 차례에서 사은품이 다 소진된 경우, '왜 나한테만 이런 일이 생길까?' 심지어 '나는 운이 없어'라고 생각하는 아이도 있습니다. 아이로 하여금 불필요하게 자신을 깎아내리지 않도록, 자신이 홀대 받았다는 느낌을 갖지 않도록 해야 합니다. 자존감은 상대가 올려주기도 하지만 아이 스스로 올리는 것이 중요하니까요.

3. 친구가 "너 돼지야?"라고 했을 때 어떻게 대처할지 이야기 나누세요.

친구는 장난삼아 말했을 수도 있고 웃자고 한 말일 수도 있어요. 아쉽게도 우리 아이들은 이것을 객관화하는 능력이 아직 없습니다. 그렇기 때문에 엄마와 얘기하며 객관화하는 시간이 필요합니다. "엄마, 나는 걔가 날 돼지로 생각한 게 아니라 그냥 장난으로 얘기한 거 같아"라고 말할 수 있도록요. 엄마와의 대화를 통해 부정적인 감정을 해소하지 못하면 아이는 세상에 대한 안전감, 긍정감을 갖지 못합니다. 반대로 부모님과의 대화를 통해 부정적인 감정을 건강하게 표현하는 법을 배운 아이는 자존감이 높아집니다. 자존감은 자신의 세상이 안전하다고 믿는 마음입니다. 그런 아이들이 긍정적인 마음으로 세상을 바라보며 도전하고 성취감을 느낄 수 있어요.

아이의 말공부

❶ 반찬을 더 먹고 싶을 때

"불고기 더 주세요." (×)

"오늘 불고기가 너무 맛있어요! 조금 더 주실 수 있을까요?" (○)

❷ 거절당했을 때

"반찬 남았는데 왜 저만 더 안 주세요? 어차피 버릴 거잖아요." (×)

"네, 너무 맛있어서 여쭤봤어요. 오늘도 반찬이 맛있었어요. 감사합니다." (○)

❸ 친구들이 '돼지'라고 놀릴 때

"내가 왜 돼지냐? 네가 더 돼지야! 너랑 밥 안 먹어." (×)

"(친구를 쳐다보면서) 그렇게 말하면 기분 나빠. 그렇게 말하지 마." (○)

"(유머러스하게) 돼지가 들으면 속상하겠다." (○)

05
형제 간 우애를 좌우하는 말

따사로운 햇살이 드는 주말, 윤경이 가족과 윤경이 친구 가족들이 근처 공원으로 놀러 나왔어요. 즐거운 시간을 보내다가 윤경이와 윤경이 친구들은 게임을 하려고 팀을 나누었는데, 한 명이 빠져야 하는 상황이 됐습니다. 곤란해하는 친구들의 시선이 순간 윤경이 동생 이경이에게로 향했습니다. 윤경이도 동생을 챙기면서 노는 게 번거롭기도 했고, 친구들의 시선을 느껴서 동생에게 말했습니다.

"이경아, 이번에는 언니들끼리 게임해야 하니까 너는 가서 엄마, 아빠랑 있어."

"언니, 나도 같이 놀고 싶은데 게임 안 해도 옆에서 구경하면 안 돼?"

"안 돼. 우리 노는데 방해 돼. 언니가 가 있으라면 가 있어."

친구들은 침묵으로 윤경이의 말에 힘을 실었습니다. 눈치껏 빠졌으면 좋겠다는 감정을 담은 눈초리로 이경이를 바라봤어요. 이경이는 언니의 말과 언니 친구들의 반응에 풀이 죽어 부모님이 있는 쪽으로 터덜터덜 걸어왔어요.

아빠: 왜 더 놀지 않고 혼자 와?

이경: …….

엄마: 이경이가 갑자기 왜 시무룩해졌을까?

이경: 언니들이랑 다 같이 놀고 싶은데, 언니가 나보고 빠지래. 나는 노는 거 보고만 있어도 좋은데……. 안 된대. 언니 나빠!

즐거운 시간을 보내고 집으로 돌아와 엄마는 윤경이에게 말했어요.

"오늘 공원에서 즐거웠어?"

"응, 너무너무 재밌었어. 다음에 또 가자. 엄마!"

"그래, 우리 윤경이가 즐거웠다니 엄마가 기쁘다. 그런데 아까 왜 이경이는 빼놓고 너희끼리만 놀았어? 이경이도 같이 어울려 놀고 싶어하던데?"

"아, 그건… 짝도 안 맞고 사실 친구들끼리만 놀고 싶어서. 이경이가 싫은 건 아니지만 우리보다 어리니까 같이 놀면 챙기기 귀찮기도 하고."

"그랬구나. 그래서 그랬구나."

사실 엄마는 이런 말을 하고 싶었어요.

"동생인데 귀찮다고 하면 안 되지. 친구들 앞에서 동생을 내쫓듯이 냉정하게 얘기하면 안 돼. 집에서는 동생과 다툴지언정 밖에서 더 다정한 언니가 되어줘야 해. 윤경이가 동생을 함부로 대하면, 지켜보는 친구들은 '아, 언니가 저렇게 막 대하면 나도 편하게 아무렇게나 대해도 되는구나'라는 생각이 들 수 있거든. 윤경이부터 이경이를 소중하게 대해야 이경이가 밖에서도 대우 받을 수 있어. 소중한 동생인데 누가 함부로 대하면 기분 나쁘잖아. 앞으로 그러면 안 돼. 알았지?"

하지만 엄마는 윤경이의 마음도 이해가 됐습니다. 다른 친구들은 동생 없이 자유로운데 윤경이는 동생을 챙겨야 했거든요. 엄마는 우선 윤경이의 입장에서 말하고 그 다음에 동생하고 잘 놀으라고 이야기해야겠다고 순서를 정했습니다.

"그래, 윤경아. 동생이 끼면 방해가 될 때도 있고, 친구들한테 미안할 때도 있지?" 이 말을 하고 "그래도 동생하고 사이좋게~"라는 다음 말을 하려는데 윤경이가 말했습니다.

"응, 엄마. 다음에는 이경이 잘 데리고 놀게. 친구들이 있을 때 더 잘할게. 엄마, 이경이한테 미안하다고 말할까?"

"(포옹하며) 그래, 동생을 아끼는 마음 너무 보기 좋다. 고마워, 딸."

부모님 가이드。

"너, 동생한테 함부로 하면 안 돼!"가 아니라 "그랬구나" 하며 아이의 생각과 이유를 들어주고 차분하게 설명해주는 엄마의 말. 부모의 이런 '한마디'는 아이 스스로 생각하고 정리할 시간을 줍니다. 만약 "언제든 동생 잘 데리고 놀아야지!" 한다면 윤경이 마음에 반감을 일으킬 수 있어요. 동생의 말만 듣고 형이나 누나에게 일장훈계를 하면 동생에 대한 미움만 생깁니다. 예쁘고도 미울 수 있는 존재가 '동생'입니다. 친구들은 마음 편하게 노는데 윤경이는 동생이 계속 옆에 붙어 있으려 하니 솔직히 귀찮기도 합니다. 부모님이 이런 마음을 알아주면 아이는 동생에게 미안한 마음이 들지만, '동생하고 안 놀아준 괘씸한 언니'로 몰면 일러바친 동생이 미워지고, 잘 알지도 못하면서 동생 편만 드는 부모님을 원망하게 되지요. 어떤 이야기든 차분하게 들어주는 엄마의 모습에 아이는 믿음을 갖게 됩니다.

'우리 엄마가 나를 사랑하는구나', '나를 위해 좋은 말씀을 해주시는구나', '엄마가 나를 소중하게 대해주시는 만큼 나도 동생을 소중하게 여겨야 되겠구나'라는 생각을 하며 아이는 성장해 나갑니다. 아이는 부모님에게 배운 말공부를 자신과 다른 사람에게 응용하며 근사해지는 자기 자신을 느끼게 되지요. 그 과정에서 아이의 자존감은 더 높아집니다.

형제자매 사이를 좌우하는 것은 알고 보면 부모입니다. 그래서 때로 경쟁 구도에 있는 형제자매 사이에서 발생하는 일을 부모가 어떻게 다루느냐에 따라 '나는 동생을 안 챙기는 나쁜 아이'라는 죄책감을 심어줄 수도 있고, "그럴 만한 이유가 있었구나" 하며 먼저 마음을 알아주면서 우애를 생각하는 계기를 만들어주면 속 깊은 아이가 될 수도 있습니다.

"다른 사람들 앞에서 동생을 아껴야 너도 동생도 대접을 받는다"는 말을 직접적으로 하지 않아도 윤경이 엄마는 충분히 가르칠 모든 것을 전수했습니다.

아이의 말공부

❶ 친구들이 놀이에서 동생을 제외했으면 좋겠다고 말할 때

"너네 왜 내 동생 빼고 놀자고 해? 나 되게 기분 나쁘다." (×)

"얘들아, 내 동생도 같이 놀고 싶을 거야. 같이 놀자." (○)

친구들의 의견을 물은 후 동생에게도 묻기

"그럼 내 동생이 심판을 보면 어떨까?" (○)

"동생아, 너는 어떻게 하고 싶어?" (○)

동생을 제외시켜야 하는 상황이라면

"넌 저기 가서 혼자 있어. 우리 게임하는데 방해되니까." (×)

"동생아, 언니들 게임 보고만 있어도 괜찮을까?" (○)

"(상황을 이해시키며) 언니들끼리 게임해도 괜찮겠어? (대답을 듣고) 이해해줘서 고마워." (○)

❷ 친구들과 놀고 있는데 동생이 할 말 있다며 다가올 때

"너, 언니 노는 거 안 보여?" (×)

"할 말 있어? 잠깐 기다려줄래? 이것만 끝나고 들어줄게." (○)

❸ 동생이 예의 없게 행동할 때

예) 가족끼리 윷놀이를 하는데 할아버지가 던진 윷 때문에 불리해진 상황

동생: (주먹을 꽉 쥐며) 할아버지 때문에 졌잖아!

"야, 너 할아버지한테 왜 버릇없이 굴어!" (×)
사람이 많을 때 동생을 핀잔 주지 않아요. 무안할 수 있어요.

"(동생 주먹을 내리며) 동생아, 할 말 있는데, 잠깐 이리 와봐." (○)
둘만의 공간으로 이동한 다음 이야기해요.
"할아버지 앞에서 주먹을 쥐거나 버릇없게 이야기하면 안 돼. 왜냐하면~."

06
자존감 높이는 조언하기

평소 학구열이 높고 배우고 싶은 것이 많아 학원을 여러 개 다니는 민율이는 수업을 마치고 친구들을 만나러 달려갑니다. 친구들과 노는 것도 좋지만 태권도 학원에서 운동하는 것과 컴퓨터와 영어를 배우는 것도 포기할 수 없는 민율이는 일과가 빡빡하다 보니 친구들과의 약속에 늦는 날도 많습니다. 대신 친구들이 영문도 모르고 기다릴 것을 대비해 늘 먼저 친구들에게 양해를 구하는 편이에요.

민율이는 이날도 친구들에게 미리 "학원 때문에 15분 정도 늦을 수도 있어. 너희들끼리 먼저 놀고 있어!"라고 이야기했습니다. 수업이 끝나자마자 부리나케 친구들이 있는 곳으로 왔는데, 호준이의 표정이 좋지 않아요.

"이민율, 너는 진짜 왜 맨날 늦냐?"

"아… 미안, 학원 때문에."

"내가 너 생각해서 하는 말인데, 너 우리랑 만날 때 약속 지킨 적 한 번도 없어. 너 문제야."

"그렇긴 한데, 내가 일부러 늦은 건 아니잖아. 뭔 말을 그렇게 하냐."

"야, 조언을 해주면 생각 좀 해봐. 그럼 학원을 그만 다니거나 약속을 잡지 말아야지. 왜 너는 네 멋대로만 하냐? 너만 바빠?"

"나는 너네 기다릴까봐 미리 톡도 보내고 맨날 뛰어오는데 너무하다. 오늘은 나 집에 갈게. 너네끼리 놀아."

이럴 생각은 아니었는데, 호준이의 말에 기분 상한 민율이는 터덜터덜 집으로 돌아옵니다. 친구들을 곤란하게 하려고 일부러 늦은 것도 아니고, 항상 양해도 구하고 최대한 늦지 않으려고 노력해왔는데 그런 부분을 이해해주지 못하고 쓴소리를 하는 친구가 야속하기만 합니다.

"아들, 무슨 일 있어?"

"아니야, 아빠."

"에이~ 표정이 뭔가 있는 거 같은데? 아빠한테 말해봐."

"아빠, 내가 학원 때문에 약속시간에 자주 늦거든. 그럴 때마다 미리 얘기했는데, 갑자기 오늘 호준이가 뭐라고 하는 거야. 나보고 매번 늦는다고, 그럴 거면 학원을 그만두거나 자기들이랑 약속을 하지 말래. 내가 그렇게 잘못했어? 걔는 나를 생각해서 해준 말이라는데 나는 기분만 나빠졌어."

"그러게, 우리 아들 속상했겠다. 공부도 열심히 하고 친구들과도 잘 지내려고 노력했는데 서운했겠네."

"응, 내가 지금까지 얘네랑 왜 친하게 지냈나 후회도 되고 학원도 괜히 가기 싫어져."

"잠깐 아빠 얘기 좀 들어볼래?"

아빠는 민율이에게 인도 지도자 간디의 일화를 들려줍니다.

어느 날 한 어머니가 아이의 손을 잡고 간디 수상을 찾았어요. 그 어머니는 간디에게 "우리 아이에게 사탕을 먹지 말라고 얘기해 주세요"라고 말했습니다. 간디의 말 한마디면 아이가 사탕 먹는 습관을 고칠 수 있다고 생각했기 때문입니다. 그 말을 들은 간디는 어머니에게 "3일 뒤에 다시 오세요"라고 했습니다.

3일이 흐른 뒤, 어머니는 아이와 함께 다시 간디를 찾아갔습니다. 아이를 마주한 간디는 이렇게 말했습니다.

"애야, 앞으로 사탕을 먹지 말아라."

아이의 어머니는 의아해서 물었습니다.

"간디님, 이 말씀을 3일 전에 해도 되셨잖아요."

어머니의 말에 간디는 이렇게 화답했습니다.

"3일 전에는 저도 사탕을 먹고 있었거든요."

부모님 가이드。

간디의 이야기를 들려준 뒤, 아빠는 민율이와 함께 조언에 대한 이야기를 나눴습니다. 조언을 잘못하면 말하는 사람이나 듣는 사람 모두 속만 상하고 자존감을 떨어뜨리지만, 조언을 잘하고 잘 받아들이면 서로 도움이 되고 부족한 점을 깨닫게 된다는 이야기였습니다.

사실, 조언은 듣는 사람의 입장에서 쓴소리이기 때문에 좋게 받아들이기가 쉽지 않습니다. 조언하는 사람도 마찬가지예요. 고민하다 조심스럽게 이야기해도 내 마음을 그대로 전하기가 쉽지는 않습니다. 하지만 꼭 필요하다면, 상대를 배려하며 조언하는 방법을 가르쳐주세요.

"간디 이야기를 들으니 민율이는 어떤 생각이 들어? 간디가 사탕을 먹고 있는 사실을 속이고 아이에게 '사탕 먹으면 이가 썩으니 앞으로 먹지 말아라'라고 조언할 수도 있었는데 왜 그랬을까?"

"그건 양심에 걸리기 때문 아닐까? 어른이 자기는 사탕 먹으면서 아이에게 먹지 말라고 하면 안 되는 거잖아. 특히 간디처럼 훌륭한 분은 그러면 안 되지."

"아빠도 그렇게 생각해. '똥 묻은 개가 겨 묻은 개 나무란다'는 속담이 있어."

"히히, 나도 무슨 말인 줄 알아. 엄마가 전에 비슷한 말 얘기해 줬어! '내 눈 안의 대들보는 보지 못하고 남의 눈에 티끌만 본다' 맞지? 무슨 뜻인지도 알아. 자기 잘못은 엄청 크면서 남의 작은 잘못을 함부로 들춘다는 얘기였어."

"오, 아들. 대단하다. 그걸 다 기억하고 있었어? 엄마가 좋은 말씀해 주셨네. 나에게 그만한 허물이 없을 때 비로소 조언을 할 자격이 생기는 거야. 살다 보면 남에게 조언을 해줘야 할 때가 생기기도 하고, 남의 조언을 들어야 할 때도 생겨. 조언을 할 때에는 간디처럼 신중할 필요가 있어. 호준이의 말투가 네 맘에 안 들어서 속상했지만 친구들은 민율이랑 더 일찍 만나서 즐겁게 놀고 싶은데 매번 그러지 못하니 아쉬워서 얘기한 걸 거야. 아마 조금 더 부드럽고 다정한 말투로 이야기했다면, 민율이가 오늘처럼 기분 상하진 않았을 테지만 말이야."

조언은 서로의 자존심을 깎아내리는 것이 아니라 서로의 자존감을 높여주는 거라는 걸 아이는 알아야 합니다. 아이가 누군가에게 조언을 들었을 때 뾰족하게 반응하거나 삐치지 않고 "말해줘서 고마워", "충고해줘서 고마워"라고 말할 수 있도록 말입니다. 쉽지 않은 일이기에 가르쳐줘야 우리 아이가 남의 말을 오해하지 않고 잘 받아들여 품이 넉넉해집니다.

"친구에게 조언할 때는 ① 너 자신을 위한 것인지 ② 너와 친구 모두에게 도움이 되는 이야기인지 ③ 과거를 탓하는 게 아니라 미래를 위해서인지 생각해봐야 해. 이런 기준에 따라 고민하고 조언한다면 서로 감정 상할 일이 줄어들고, 좀 더 신중할 수 있을 거야.

조언 받을 때도 마찬가지란다. 누군가에게 조언을 들을 때가 있을 텐데, 그럴 때 너도 친구가 이런 기준을 가지고 여러 번 고민한 뒤 어렵게 말한 거라고 생각하고 고마운 마음을 갖고 들으면 어떨까?"

조언할 때 전달법

너 전달법 You-message - '네 탓이야!' 전달법

"너를 위해서 하는 말인데~." (×)

"너는 도대체 왜 그래?" (×)

나 전달법 I-message - '내 생각이야!' 전달법

"~을 해주면 좋겠어." (○)

조언을 듣는 사람은 어쨌든 편치 않을 수 있다는 것을 알려주면 좀 더 신중하고 배려심 있게 말하는 아이가 됩니다.

아이의 말공부

1. 조언·충고를 할 때 기준 세우기

❶ 조언하려는 이유가 확실한지 고민하기

'내가 왜 조언을 해야 하지?'

❷ 어떻게 말하면 잘 전달될지 생각하기

말투, 표정, 태도, 손짓 등을 신경 쓰기

"야, 너 내가 너 위해서 하는 말인데" 하며 친구를 손가락으로 가리키거나 가르치는 듯한 말투, 비아냥거리는 말투 (×)

❸ 조언의 객관성 점검하기

- 나만의 기준에서 내가 편하자고 하는 말 (×)
- 객관적으로 친구와 나 자신을 위해 필요한 말 (○)

❹ 적절한 조언하기

- 과거를 지적하기 위해서가 아니라 현재와 미래를 더 좋은 방향으로 이끌고 싶을 때 '나 전달법 I message'으로 말합니다.

  "너랑 만나 숙제하는 게 정말 좋은데, 약속 시간을 안 지켜서 속상

해. (나는 앞으로도 너와 계속 잘 지내고 싶어.)" (○)
- 상대방과 관계를 끊으려는 생각으로 하는 말은 이미 조언의 의미가 없으므로 하지 않아요.
"이 점 때문에 너 못 만나." (×)
"이런 이유로 너랑 친구하고 싶지 않아." (×)

❺ 내 조언을 받아들여준 친구에게 고마움 표시하기
조언을 받아들였다는 것은 내 말을 소중하게 들어줬다는 뜻이므로
"친구야, 내 말(조언)을 잘 들어줘서 고마워."

2. '친구가 자꾸 약속을 안 지키는 상황'에서 조언하기
두 번까지는 넘어가다 세 번, 네 번 반복됐을 때 충분히 생각한 다음 말해요.
❶ 조언하기 전에 자신을 돌아보기
'나는 약속을 잘 지키고 있나?'
잘 지키는 사람이라고 확실히 결론이 났을 때 친구에게 조언합니다.

❷ **조언할 때 표정을 부드럽게 하고, 차분한 말투로 이야기하기**

"친구야, 조심스럽지만 너에게 꼭 할 말이 있어."

❸ **친구의 반응에 침착하게 대처하기**

조언을 받아들이지 못하는 경우

친구가 "야, 너도 약속 안 지킨 적 있어. 너나 잘해!"라고 말했을 때
"없거든?", "내가 언제 그랬어?" (×)
"그래, 예전에는 그런 적이 있었던 것 같아. 나도 노력할게." (○)
"그 부분 이야기해줘서 고마워." (○)

조언을 고마워하는 경우

친구가 "조언해줘서 고마워"라고 말한다면, "사실은 내가 이 말을 하기 정말 어려웠는데, 네가 그렇게 말해줘서 정말 고마워"라며 고마운 마음을 표현합니다.

3. 조언할 때, 들을 때 올바른 태도

❶ 조언하기 전

'나와 내 친구 모두 서로 잘 지내기 위한 말일까?'

'친구가 내 조언을 오해하더라도 실망하지 말아야지.'

❷ 조언할 때

'조언을 가장해 친구를 비난하는 말을 하지 말아야지.'

'부드러운 말투와 표정으로 조심스럽게 이야기해야지.'

❸ 조언을 들었을 때

'저 친구도 나처럼 생각을 많이 하고 어렵게 말한 걸 거야.'

'내가 잘못한 걸 트집 잡으려고 한 것이 아니라, 앞으로 더 잘 지내기 위해서 한 말일 거야.'

5장

조리 있게 말하는 아이의 말공부

01
육하원칙으로 말하기

"엄마, 걔가 이거 사줬어!"

학교를 마치고 집에 온 진헌이는 뭐가 그리 바쁜지 가방을 소파에 던지며 신이 나서 엄마에게 말합니다. 하지만 엄마는 '누가', '무엇을' 사줬다는 건지 잘 모르겠습니다. 진헌이를 보니 손에는 떡볶이가 담긴 종이컵이 들려 있고, 입가에는 떡볶이 양념이 묻어 있습니다. 누가 사줬는지는 모르지만 아마도 친구에게 '컵볶이'를 얻어먹은 것 같아요. 하지만 이건 어디까지나 엄마의 짐작일 뿐 정확하지 않습니다. 이럴 때 어떤 반응을 하시나요?

엄마가 짐작한 대로 "친구가 컵떡볶이를 사줬어?"라고 물으시나요?

아니면 "걔가 누군데? 알아듣게 좀 말해!"라고 말씀하시나요?

아이들은 어른들처럼 조리 있게 상황 설명하는 법을 잘 모릅니다. 특히 진헌이처럼 마구 신이 났거나 흥분해서 감정이 앞서면 조리있게 말하기가 어렵습니다. 아이에게 '누가, 언제, 어디서, 무엇을, 어떻게, 왜'의 육하원칙을 적용한 대화법을 가르쳐주세요. 말의 전달력이 높아지고 말에 대한 신뢰도가 높아집니다.

아이가 전후를 다 생략하고 말했더라도, 엄마가 육하원칙을 바탕으로 다시 물어보세요.

"그렇게 말하면 엄마가 어떻게 알아듣니?"

이런 말로 면박을 주면 아이와의 대화가 뚝 끊길지도 몰라요. 엄마가 먼저 시범을 보이는 거예요.

"우리 진헌이, 누가 뭘 사줬길래 그렇게 기분이 좋은 거야?"

엄마의 질문에 신이 난 진헌이가 말합니다.

"엄마, 내 친구 재민이 알지? 걔가 오늘 컵볶이 사줬어! 나 이거 진짜 먹어보고 싶었는데 혼자 사 먹기는 싫었거든!"

친구 재민이가 사줬다고 하네요. '누가'가 나온 거예요. 엄마는 이렇게 맞장구치면 됩니다.

"아, 친구 재민이가 컵볶이(무엇을)를 사주었구나?"

'어디서, 왜'까지 궁금하신가요? 사줬을 때는 이유가 있을 수도 있으니까 물어보세요.

"재민이가 왜 컵볶이를 사준 거야?"

"응, 내가 어제 알림장을 보여줬더니 고맙다고 학교 앞에서 컵볶이 사줬어."

자연스럽게 육하원칙이 나왔습니다. 모든 말과 대답에 육하원칙이 들어갈 수는 없어요. 하지만 아이가 "걔, 이거, 그거"라는 말을 습관화하면 말의 정확도가 떨어지고, 주목도도 낮아집니다. 가급적 아이가 말할 때 '누가, 언제, 무엇을' 또는 '누가, 어디서, 왜, 어떻게' 정도는 들어가도록 부모님도 의식적으로 사용해주세요.

부모님 가이드

일상생활에서 항상 육하원칙을 쓸 수는 없습니다. 하지만 내용 전달에 꼭 필요한 요소는 빼지 않고 말하도록 해야 합니다. 육하원칙을 염두에 두면 아이는 자신의 말을 머릿속에서 정리한 뒤, 더 신중하고 정확하게 할 수 있게 됩니다. 육하원칙에 따른 부모님의 말을 통해 이해력이 높아지는 효과도 있고요. 그렇다면 어떻게 가르쳐야 할까요?

"육하원칙이란 건~."

"말할 때 '누가, 언제, 어디서, 어떻게, 무엇을, 왜'를 넣는 것이 육하원칙이란다."

이렇게 말하면 아이에게 너무 어렵고 복잡하게 느껴질 수 있습니다. 꼭 한 문장에 모든 걸 다 넣어야 한다는 압박감에 오히려 말하기 싫어질 수도 있어요.
"걔가 사줬어!"라고 말하는 진헌이에게 '어디서, 왜, 무엇을' 사줬는지 물어봤다면 육하원칙 중 필요한 요소를 엄마가 제대로 질문하신 겁니다. 그런데 아이가 '왜'에 대한 답을 빼놓고 "내 친구 재민이가 오늘 학교 끝나고 문구점 앞에서!"라고 대답할 수도 있어요.

육하원칙으로 질문하기
"그러니까 왜 사줬냐니까?" (×)
"재민이가 우리 아들한테 왜 떡볶이를 사줬을까?" (○)

엄마의 질문에 아이가 답한 내용을 엄마가 다시 한 번 정리해주는 것도 육하원칙으로 말하기에 도움이 됩니다.
"그랬구나. 재민이가 오늘 학교 끝나고 문구점 앞에서 진헌이한테 컵떡볶이를 사줬구나. 그래서 우리 진헌이가 이렇게 기분이 좋구나."
한 가지 예를 더 들어볼까요? 만약 아이가 학교에서 돌아오자마자 "걔 진짜 나빴어. 씨~"라고 한다면 "왜 또 기분이 나쁜데", "걔가 누군데?", "네가 어떻게 했길래 그래?"라는 반응 대신 육하원칙을 적용해 차근차근 물어보는 거예요.

"왜 기분이 나빠?" (왜)

"누구랑 무슨 일 있었어?" (누가, 무엇을)

먼저 이 정도로 질문한 다음, 아이가 "내가 그러지도 않았는데, 친구가 내가 그랬다고 거짓말했어"라고 답한다면 다시 물어보세요.

"언제, 어디서, 어떤 상황이었는지 자세히 얘기해줄래?"

자연스럽게 '어떻게, 언제, 어디서' 등을 넣어 대화를 하다 보면 부모는 아이가 말하는 바를 이해할 수 있고, 아이 역시 정확하게 말하기 연습이 자연스럽게 됩니다.

말을 정돈해서 할 줄 알게 되면 아이는 면박을 당할 일이 줄어듭니다. '좀 알아듣게 말해', '대체 무슨 말이야'라는 말을 자주 들으면 아이는 '나는 말을 못해'라는 생각을 할 수 있어요. "그렇게 말하니까 네 말 하나도 못 알아듣겠다"라는 이야기는 아이의 말공부에 도움이 되지 않습니다. 자신감을 잃고 감정만 더 앞서게 되니 논리적인 것과는 자꾸만 멀어지게 되겠지요. 감정이 복잡할수록, 부정적인 감정이 들수록 찬찬히 전후 사정을 잘 이야기할 수 있는 아이로 길러주세요.

아이의 말공부

조리 있게 말하기

"엄마, 걔가 사줬어!" (×)

→ '누가, 언제, 어디서, 어떻게, 무엇을' 추가하기: "엄마, 오늘 학교 끝나고 재민이가 문구점 앞에 있는 분식점에서 컵볶이 사줬어!" (○)

→ '왜(이유)' 추가하기: "재민이가 나랑 같이 컵볶이를 먹고 싶었나 봐!" (○)

"내가 어제 알림장을 보여줬더니 고맙다고 학교 앞에서 컵볶이 사줬어." (○)

〈TIP〉 말공부 연습

❶ 말 블록 맞춰보기

[신나게][재민이가][일요일 낮에][아빠와][공원에서][산책을 했다]
→ 재민이가 일요일 낮에 아빠와 공원에서 신나게 산책을 했다.

[엄마, 아빠랑][코끼리를][동물원에서][진헌이가][봤다][토요일에]
→ 진헌이가 토요일에 엄마, 아빠랑 동물원에서 코끼리를 봤다.

❷ **동화책 내용 파악하기**

부모님의 코칭: "주인공 이름을 기억한 다음, 어떤 장소에서 무슨 일이 있었는지 생각해봐. 상황이나 사건이 있겠지? 그게 어제였는지, 일 년 전이었는지, 아니면 내일 일어날 일인지 시점에 대한 것을 생각해보면 돼."

아이 생각: '이 책에서 가장 중요한 게 뭐였지? 주인공이 언제, 어디에서, 무슨 일을 겪었는지를 기억해야겠다. 어떻게 해결했는지도 중요할 것 같아.'

❸ **동화책 요약하기**

글밥이 많지 않은 동화책을 읽은 다음, 몇 문장으로 요약해 엄마에게 말해보세요. 이때 육하원칙을 넣어서 문장 만드는 연습을 하면 도움이 됩니다.

02
질문을 받았을 때

선생님: 얘들아, 방학 잘 보냈니? 우수는 방학 동안에 뭘 하면서 보냈어?

우수: 그냥 놀았어요.

선생님: 그냥 놀았어? 딱히 떠오르는 일이 없나보구나. 그럼 연주는 방학 동안 뭐했어?

연주: 네, 선생님. 방학 동안 어디에 다녀왔는지 말씀드리면 될까요?

선생님: 그래, 어디 다녀왔는지 그곳에서 뭘 했는지 이야기해주렴.

연주: 저는 방학에 엄마, 아빠와 함께 제주도에 다녀왔어요. 거기서 뛰노는 말도 보고 흑돼지 삼겹살도 먹었어요. 바닥이 훤히 보이는 투명 카약도 탔는데 너무 재미있었어요!

선생님: 참 즐거웠겠다. 연주는 방학을 재밌게 보낸 것 같구나.

연주: 네, 선생님. 바다 속을 볼 수 있어서 신기한 경험이었어요.

우리는 살면서 다양한 질문과 마주하게 됩니다. 선생님은 우수와 연주에게 같은 질문을 했습니다. 하지만 우수의 대답과 연주의 대답은 사뭇 달랐어요.

두 아이 모두 선생님의 질문에 각자 대답을 들려주었지만, 말의 내용과 온도는 확연히 다릅니다. 우수는 "그냥 놀았어요"라고 대답해 선생님의 칭찬과 호응을 받지 못한 채 마치 '방학을 알차게 보내지 않은 아이' 같은 인상을 주었습니다.

반면 연주는 선생님의 질문에 집중하며 질문의 의도를 파악하기 위해 노력하는 자세를 보였어요. 그 덕분에 선생님의 의도에 맞는 대답을 할 수 있었고 '방학을 알차게 보냈구나'라는 칭찬도 받게 되었습니다.

만약 부모님이 선생님이라면 어떻게 대답하는 아이가 좋은가요? 질문을 하는 사람은 상대방이 적절한 대답을 하길 바랍니다. 그랬을 때 질문자도 만족스럽고 대답한 사람도 인정받게 됩니다. 선생님도 좋은 질문을 해야 하지만, 대답하는 아이의 태도 또한 중요합니다. 우리 아이는 질문을 받을 때 어떤 자세와 태도로 듣고 대답을 할까요? 질문을 받았을 때 어떻게 대답해야 하는지 아이에게 가르쳐 주세요.

적절한 대답, 좋은 대답이란?

선생님이 아이에게 질문을 했습니다. 아이가 선생님의 말씀에 경청합니다. "여러 색깔 중에서 네가 가장 좋아하는 색 한 가지와 그 이유도 말해줄래?" 질문에 대해 아이가 예의 바르게 확인합니다.

"선생님, 좋아하는 색 한 가지와 이유도 얘기하는 건가요?"

"응, 그래."

질문을 정확하게 이해한 아이는 적절한 대답을 조리 있게 합니다.

"네, 선생님. 제가 좋아하는 색깔은 노란색이에요. 왜냐하면 따뜻한 느낌이 들기도 하고, 튤립이나 개나리 같은 예쁜 꽃이 생각나서 기분이 좋거든요."

선생님은 아이를 칭찬합니다.

적절한 대답, 좋은 대답이란 무엇일까요? 자신의 생각을 일목요연하게 정리해서 막힘없이 술술 말해나가는 것도 좋지만, 좀 어눌하더라도 질문자의 질문을 잘 이해하고 질문한 사람이 궁금해하는 것, 물어본 취지에 맞게 대답하는 것이 좋은 대답일 겁니다.

좋은 대답을 하기 위해서는 먼저 좋은 자세로 질문을 들어야 합니다. 질문을 받을 때 질문한 사람을 바라보면서 표정에 집중합니다. 표정에도 말이 들어있기 때문이에요. 선생님이 아이에게 질문하는 상황을 가정해서 아이와 말공부를 해보세요.

1단계: 선생님의 질문

"여행지에서 가장 맛있게 먹었던 음식은 뭐니?"

선생님의 질문을 받았다면, 질문에 고개를 끄덕이며 경청한 다음 질문을 다시 되묻습니다. 질문을 잘 이해했는지 확인한 후 대답을 하면 정확도를 높일 수 있기 때문입니다.

2단계: 아이의 질문

"선생님, 여행 중 가장 맛있게 먹은 음식을 말씀드리면 될까요?"

이 같은 '되묻기 질문'은 질문의 요지를 파악하거나 이해도를 높이는 데 도움을 주며 '질문자의 질문에 집중하고 있다', '성의를 보이고 있다'라는 사인이 됩니다.

3단계: 아이의 대답

"여행했던 곳에서 가장 맛있게 먹은 음식은~."

누구나 자신의 말(질문)을 정성껏 듣고 반응(대답)하는 사람에게 호감을 가집니다. 질문에 적극적으로 반응하는 아이, 그리고 조리 있게 대답하는 아이는 반 친구들에게도 선생님에게도 좋은 인상을 줍니다. 이런 인정을 받는 아이는 자신감이 상승하고 학교생활이 더 즐겁겠지요.

부모님 가이드。

질문을 받았을 때 질문한 사람을 바라보며 고개를 끄덕이는 등 '경청하는 태도'가 중요하다는 것을 꼭 알려주세요. 그런 후에 들은 질문이 맞는지 확인하면서 질문의 이해도를 높이는 과정을 갖게 해주세요.

만약 모르는 질문을 받았거나 바로 대답하기 어려울 때 "선생님, 잠깐 생각해본 다음 말하겠습니다"라고 답하면, 질문자도 '내가 너무 어려운 질문을 했나?'라고 생각하고 더 좋은 질문을 고민해 볼 수 있는 기회가 될 수 있습니다.

일반적으로 아이들에게 "잘 생각하고 말해"라고 말하지만 구체적으로 알려주지는 않아요. 질문을 받았을 때 잘 생각하고 말하는 것은 질문의 내용을 확인하는 '되묻기 질문'을 건네는 거예요. 마치 생각한 걸 말로 하거나 글로 쓰면 더 확실해지듯 질문을 다시 확인하고 생각해볼 수 있는 시간이 됩니다.

말문을 여는 방법에 대해서도 가르치는 게 좋습니다. "그건요~"라고 대답할 수도 있겠지만 조금 더 격식 있는 자리나 수업 시간이라면 다음과 같이 대답하는 것이 효과적입니다.

대답을 시작할 때

"제 생각에는~"

"그 질문에 대한 제 생각은~"

이런 표현은 아이의 이야기에 집중할 수 있게 만듭니다. 말은 그 사람의 인격과 품격을 보여줍니다. 아이가 질문에 대한 답을 하는 태도야말로, 질문자로 하여금 아이의 대답에 더욱 집중하게 합니다. 자신이 대답할 때 상대방(선생님, 친구들)이 주의를 기울이며 경청한다면 존중 받는 기분이 듭니다.

질문에 답하는 사람의 태도에 따라 질문자는 2차, 3차 질문을 이어가며 관심을 보이기도 하지만, 때로는 형식적인 질문만 하고 바로 다른 사람에게 넘어가기도 합니다. 우리 아이가 질문을 받을 때 대답하는 태도와 자세로 결정됩니다.

아이가 대답할 때 질문자를 비롯한 많은 사람들이 집중한다면 아이는 자신의 말에 자부심을 갖고 더 조리 있게 말하게 될 겁니다. 아이가 질문을 들을 때와 질문에 대한 대답을 할 때의 매너에 대해 가르치는 것이 우리 아이를 잘 말하는 아이, 주목 받는 아이, 인정받는 아이로 키우는 방법입니다.

아이의 말공부

❶ 질문자의 말을 경청하면서 고개를 끄덕여요.

'경청하고 있다는 모습을 보이는 것도 중요해.'

❷ 정확한 대답을 위해 받은 질문을 넣어 대답해요.

질문: "네가 가장 좋아하는 색깔 한 가지만 말하고 이유를 말해줄래?"

대답: "제가 가장 좋아하는 색깔 한 가지는~."

❸ 질문의 이해도에 따른 대답의 예

질문을 제대로 이해했을 때

"선생님이 질문하신 ○○에 대해서~." "제 생각에는~."

질문에 대해 적절한 대답이 떠오르지 않을 때

"좀 더 생각해보고 말씀드리겠습니다."

질문이 잘 이해되지 않을 때

"죄송합니다. 한 번 더 말씀해 주시겠어요?"

03
원하는 것을
확실하게 말하기

세현이는 찬희의 새 형광펜에 눈길이 갑니다. 특이한 색깔에 모양도 멋져 굉장히 마음에 듭니다. 한번 빌려 써보고 싶은데 어떻게 얘기해야 될지 어렵기만 한 세현이는 형광펜에 대해 아는 척을 하는 것이 우선이라는 생각에 찬희에게 물었어요.

"야, 그거 뭐야?"

"이거? 몰라서 물어? 형광펜이잖아."

"누가 모르냐? 그러니까 그게 뭐냐고."

"안다면서 왜 물어봐?"

티격태격하려던 게 아닌데 대화는 세현이의 의도와 다르게 흘러갑니다. 사실 세현이는 찬희의 형광펜을 만져보고 싶고, 찬희가 허락

한다면 한 번 사용해보고 싶었습니다.

  초등학교 저학년 아이들의 경우 자신이 생각하는 것을 어떻게 표현하고, 궁금한 것을 어떻게 물어봐야 하는지 모르는 경우가 많습니다. 그래서 때로 자신의 의도와는 다르게 상대방에게 따지는 것처럼 물어보면 "네가 하고 싶은 말이 뭐야?", "뭘 물어본 거야?"라는 말을 들을 수도 있습니다. 이렇게 자신의 의도와 다르게 대화가 흘러가면 말을 시작한 아이는 당황스러울 수밖에 없습니다. 자주 갈등을 겪는 아이들은 자신의 의도를 제대로 표현하지 못해서 그럴 수 있으므로 잘 가르쳐 주어야 합니다.

부모님 가이드。

우리 아이에게 자신의 의도를 제대로 전달하는 말에 대해 알려주세요. 세현이는 찬희의 멋진 형광펜에 대해 관심을 보인 건데, 형광펜의 주인인 찬희는 그 말의 의도를 알아차릴 수 없었습니다.

세현이는 찬희의 형광펜이 마음에 들어 직접 사용해보고 싶었습니다. 이런 경우 친구에게 어떻게 말을 건네는 것이 좋을까요?

친구의 물건을 써보고 싶을 때

"찬희야, 그 형광펜 멋지다. 내가 한번 만져봐도 될까?"

"찬희 네 형광펜 멋지다. 나도 한번 써봐도 될까?"

세현이의 말에는 '네 멋진 형광펜을 한번 써보고 싶어' 혹은 '그 형광펜을 어디서 샀는지 알고 싶어'라는 자신의 의도가 담겨 있습니다. "그 형광펜 빌려줘"라고 원하는 바를 직접적으로 표현할 수도 있지만, "그 형광펜 빌려 써도 될까?"라는 식의 청유형 질문을 하게 되면 좀 더 부드럽게 전달되는 효과가 있습니다.

이때 주의할 점이 있습니다. 어른도 실수하는 경우가 있는데, 바로 "만져봐도 될까?" 하면서 동시에 상대방의 물건을 잡는 경우입니다. 3장에서도 언급한 적 있듯이 의견을 물었으면 허락할 때까지 기다렸다가 상대방이 그 물건을 건네줄 때까지 기다리는 것은 기본 매너입니다.

허락을 구할 때

"묻자마자 상대방이 허락도 안 했는데 바로 그 물건에 손을 대면 어떨까?"

"물어본 다음엔 친구의 대답을 기다리는 거란다."

상황에 따라 청유형으로 묻지 않고 자신이 원하는 것을 바로 말하는 게 나을 때도 있어요. 소미의 상황을 살펴볼까요? 소미는 보라가 먹고 있는 빵이 맛있어 보여 한 입 맛보고 싶습니다. 소미는 망설이다 보라에게 "맛있어?"라고 물었어요. 보라는 "응, 맛있어"라는 대답만 할 뿐 "너도 먹어볼래?"라고 물어봐 주지 않았어요.

소미는 집에 와서 엄마한테 말했습니다.

"엄마, 보라는 욕심쟁이야. 나는 지난번에 내 간식 나누어 먹었거든. 반이나 줬는데 오늘 자기 빵은 혼자 다 먹어버렸어."

이때 엄마는 어떻게 반응을 보이면 좋을까요?

"어머, 무슨 애가 그러니? 정말 욕심쟁이네. 우리 소미 속상했겠다."

엄마의 이런 반응은 아이의 속상한 감정에 (섣부른) 공감만 했을 뿐 가르쳐 준 것이 없어요.

"달라고 하지 그랬어. 너도 지난번에 나누어 먹었다며? 달라고 하지!"

이 말도 지난 일을 탓할 뿐입니다.

먼저 어떤 상황이었는지 자세히 들어보세요. 그래야 제대로 된 말공부를 할 수 있으니까요. 소미는 보라의 빵을 한 입 먹고 싶었습니다. 이 상황에서는 묻고 대답하기보다 바로 자신의 의도를 정확하게 전달하는 게 낫습니다. 어물거리다간 이미 빵을 다 먹어버렸을 수도 있으니까요. "달라고 하지 그랬어!"를 잘 표현하도록 구체적으로 가르쳐주세요.

친구의 간식을 먹고 싶을 때
"그 빵 맛있어 보인다. 나도 한 입 먹어보고 싶어."
"보라야, 그 빵 한 입만 먹고 싶어. 한 입만 줄래?"

우리 아이 말 수준에 맞춰 가르쳐 주시면 응용하기 좋습니다. 원하는 것을 잘 표현하는 말공부에서 빠뜨리지 말고 가르칠 중요한 부분이 있어요. 요청했지만 '거절당할 수 있다'는 것입니다. 아무리 아이가 자신이 원하는 바를 상대방이 알아듣기 좋게 또한 정확하게 말했어도 상대방이 '수락'하지 않고 '거절'할 수 있습니다. 아이 나름에는 자신이 잘 말했기 때문에 친구의 거절이 당황스럽거나 더 속상할 수 있어요. 따라서 거절당했을 때 할 수 있는 말도 가르쳐 주어야 합니다.

우리 아이가 다른 친구에게 요청받았을 때도 반드시 무조건 수락할 필요가 없고, 결정은 '그 사람의 몫'임을 인정하는 것. 이런 이치를 알아야 아이가 거절당했을 때 상처받지 않고, 건강한 관계를 맺어갈 수 있습니다.

제안을 받아들일지는 상대가 선택할 수 있는 것

"네가 잘 말했어도 친구가 싫다고 거절할 수도 있어."

"친구가 거절할 때는 어떻게 말하면 좋을까?"

아이의 말공부

❶ 자신의 '의사'를 정확하게 표현해야 할 때

친구의 물건을 빌리고 싶을 때

"○○아, 지우개 좀 빌려줄 수 있어?"

사용 후 바로 돌려줄 물건인지, 수업 중에 계속 사용할 것인지에 따라

"○○아, 오늘 수업 끝날 때까지 네 지우개 나랑 같이 쓸 수 있어?"

❷ 청유형으로 부탁하기보다 바로 요청하는 게 좋다고 판단될 때

- 그럴 만한 사이인지 생각해봐요.
- 자신의 상황을 먼저 설명하고 말해요.
- 미안한 마음으로 요청해요.

"○○아, 나도 그거 먹고 싶어. 나 한 입만 줘."

"○○아, 내가 깜박 잊고 지우개를 안 가져왔어. 미안하지만 오늘 수업 끝날 때까지 네 지우개 나랑 같이 쓸 수 있을까?"

❸ 원하는 대로 되지 않았을 때

- 무안해하거나 친구 탓을 하지 않아요.

- 요청을 받아들이거나 거절하는 건 상대방의 결정이니 존중해요.

"야, 그거 한 번 만져본다고 한 건데… 치사하게!" (×)
→ "아, 빌려줄 수 없구나. (너를 곤란하게 해서) 미안해." (○)

04
자기소개를 할 때

새로운 시작은 늘 두근거리고 긴장됩니다. 초등학교 2학년이 된 가훈이는 같은 반이 된 친구들의 얼굴을 이리저리 살피며 들떴습니다. 담임선생님이 들어오셨습니다.

"다들 얼굴 표정이 밝아서 보기 좋네. 1학년 때 같은 반이어서 서로 잘 아는 친구들도 있을 거고, 처음 본 친구들도 있을 거야. 1년 동안 같이 지낼 친구들인데 서로 인사하는 시간을 가져야겠지? 앞으로 나와서 자기소개 해볼까?"

"……."

"자, 먼저 김가훈."

가훈이가 가장 먼저 호명됐습니다. 가훈이는 평소 활발하고 사교성이 좋아 친구들이 많은 편입니다. 말주변도 좋고 재치 있어 인기도 많은 아이입니다. 친구들은 가훈이가 얼마나 멋진 자기소개를 할지 기대됩니다. 그런데 어쩐지 가훈이의 표정이 어두워요.

"선생님… 서서 해요?"

"그래. 이왕이면 얼굴도 잘 보이게 교탁 앞으로 나와서 소개하도록 하자."

"으음… 안녕, 나는 김가훈이라고 해. 아, 그… 뭐지. 나는 1학년 1반이었고 음……."

친구들 앞에 서서 발표하는 것도 떨린데, 자기소개라니! 1학년 1반이었다는 이야기까지는 했는데, 다음에 무슨 이야기를 이어나가야 할지 모르겠어요. 평소에는 활발하고 사교성 좋은 가훈이지만 '자기소개? 날 어떻게 소개하라는 거지? 아, 어디 사는지 말해야 하나? 아니면 형이 있다고 말해? 얼굴이 뜨거워지는 것 같아. 창피해!' 우물쭈물 고민하다 침묵 속에서 1분이 지나가버렸습니다.

간단하게 소개하더라도 확실하게 끝맺음 했다면 선생님도 자리로 들어가라고 했을 텐데, 눈동자를 이리저리 굴리며 입을 뻥끗뻥끗 움직이니 선생님은 가훈이가 더 하고 싶은 말이 있는 줄 알고 시간을 더 주셨습니다. 하지만 당황스러운 가훈이는 그런 선생님의 깊은 뜻을 알 리 없습니다.

'아, 왜 들어가라고 안 하시지? 언제까지 서 있어야 하는 거야. 정말 괴롭다. 얼른 들어가고 싶어. 친구들도 나를 얼마나 바보처럼 볼

까? 완전 망했다.'

가훈이의 마음을 읽기라도 한 건지 같은 반이었던 송민이가 한마디 던집니다.

"김가훈, 할 말 없으면 들어와라. 지루하다!"

"친구가 자기소개하는데 지루하다니. 그럼 안 되지. 그래, 가훈아 소개 다 했으면 자리로 돌아가."

자리로 돌아오니 송민이가 눈을 찡긋하며 작게 속삭입니다.

"가훈, 너답지 않게 왜 그러냐? 어디 아파?"

"아, 아니야. 됐어."

첫인상이 중요한데, 가훈이는 새 학기부터 친구들에게 나약하고 바보 같은 모습을 보인 것 같아 후회됩니다. 애써 덤덤한 듯 허리를 곧게 펴고 앉아 있으면서도 머릿속에는 오늘의 위기를 모면할 궁리뿐입니다.

'아픈 척하면서 양호실이라도 다녀올까?'

심경이 복잡한 가훈이에게는 다른 친구들의 자기소개도 들리지 않습니다.

부모님 가이드。

발표 실력은 말을 잘하고 못하고의 문제가 아닙니다. 물론 말

주변이 부족해 발표에 어려움을 겪는 경우도 있지만, 대개 발표라는 중압감 때문에 긴장하거나 머릿속이 하얘져 당황하는 아이들이 많습니다. 가훈이의 경우도 마찬가지예요. 성격도 활발하고 사교성도 좋아 친구들 사이에서는 분위기를 주도하는 편이지만, 발표할 때만은 그렇지 않습니다. 게다가 말 잘하는 사람들도 긴장한다는 '자기소개'까지 얽혔으니 엎친 데 덮친 격이 아닐 수 없습니다.

미리 연습해둔 소개 멘트가 있다면 덜 당황스러웠을 겁니다. 자기소개는 자기를 소개하는 것이라 쉬울 것 같지만 생각보다 어렵습니다. 하지만 자기소개야말로 충분히 연습한다면 그 어떤 발표보다 멋지게 해낼 수 있습니다. 질의응답, 면접은 어떤 질문을 받게 될지 몰라 답을 미리 연습할 수 없는 반면에, 자기소개는 시간을 투자한 만큼 훌륭한 결과물을 만들 수 있어요.

소개를 하기 위해 자신에 대해 곰곰이 생각해 보면서 장단점을 인정하고 받아들이는 시간도 가질 수 있어요. 우리 아이가 조리 있게 자기소개를 할 수 있도록 해볼까요? 멋진 자기소개는 좋은 첫인상을 심어줍니다.

먼저 주어진 시간 안에 무엇을 말해야 하는지 알려주어야 합니다. 다양한 상황에서 응용할 수 있도록 1분, 3분, 5분 등의 시간에 맞춰 아이가 자기 이야기를 할 수 있게 연습시켜 주세요. 그렇게 하기 위해서는 평소 아이와 이런 이야기를 나눠야 합니다.

"너는 누구니?"

참, 중요한 질문입니다. 우리는 누구일까요? 우리 아이가 자신에 대해 생각해보게 하는 질문입니다. 이름, 나이, 부모, 형제관계, 취미 등 아이를 설명할 수 있는 것에는 또 무엇이 있을까요?

질문으로 자신을 살펴보게 해주세요.

"어느새 2학년이 됐네. 1학년을 돌아보면 어떤 생각이 들어?"

"네가 가장 잘하는 것, 자신 있는 건 뭐야?"

"요즘 관심 있는 것은 뭐니?"

아이의 말공부

자기소개하는 방법을 알아보겠습니다.

1단계: 나에 대해 알기

아빠: 너는 누구니?
아이: 나는 김가훈. 행복가득 아파트에 살고, 형이 있어. 행복초 2학년 4반이야.

편안한 분위기에서 아이에게 물어보세요. 시간을 제한하지 않고 말하는 연습을 반복합니다. 부모님도 함께 해보세요.
"엄마는~"
"아빠는~"
말로 하는 것을 부끄러워하거나 어색해하면 종이에 키워드나 짧은 문장을 적어 봅니다. 이때 부모님이 함께 종이에 적으며 참여하는 게 좋아요. 가족과의 추억, 나와 닮은 캐릭터나 동물, 특별한 기억, 가치관, 현재 목표, 미래 목표 등 나의 역사를 종이에 쓰고 강조하고 싶은 부분을 선별하는 겁니다.
"어떤 걸 강조하고 싶어?"

"엄마, 나는 내 이름의 뜻을 설명해주고 싶어. 그리고 내가 뭘 좋아하는지도 얘기하고 싶어. 내 방에 내가 아끼는 레고가 잔뜩 있잖아. 그것도 자랑하고 싶어."

가훈이처럼 취미나 자랑할 만한 점을 말하는 것도 좋습니다. 거들먹거리는 말투와 표정이 아니라면 잘한 일, 자랑할 만한 일에 대해 설명하는 것도 처음 만난 친구들에게 나를 소개할 때 도움이 됩니다. 또 즐겨 하는 운동, 배워보고 싶은 것, 자신 있는 과목, 올해 목표 등에 대해서도 종이에 쓰거나, 부모님과 대화하며 정리해볼 수 있습니다.

'나'를 둘러싼 여러 가지 사건과 추억, 계획 등을 정리하고 연습해보면 준비가 되어 있기 때문에 아무리 긴장되는 상황이라도 정해진 시간에 차분하게 잘해낼 수 있습니다.

2단계: 1분, 3분, 5분 소개 멘트 완성하기

어느 정도 자기소개에 필요한 키워드가 확보되었다면 1분, 3분, 5분 동안 이야기할 수 있게 정리해보세요. 1분짜리 자기소개 멘트에는 군더더기 없이 꼭 필요한 것, 중요한 사항에 대해서만 전하는 것이 좋습니다. 예를 들면 이미 같은 2학년 4반이 된 친구들 앞에서 '2학년 4반'이라고 말하는 건 불필요하겠죠. 1분, 3분 자기소개가 완성되었다면 그것을 소리 내어 연습해보세요.

〈TIP〉 연습 포인트
1단계. 거울 앞에 서서 바른 자세로 혼자 연습해보기(표정, 자세 등 확인)
2단계. 가족들 앞에서 발표해보기
3단계. 자기소개 녹음하기
4단계. 녹음한 것을 들으면서 목소리 크기와 빠르기, 강조할 부분, 덜어내야 할 부분을 확인하기
5단계. 영상 촬영하고 모니터링하기

자기소개 3단계: 가족과 모니터링하기
자기소개에 어느 정도 자신이 생겼다면 가족끼리 모여 카메라를 세워 놓고 각자 자기소개하는 시간을 가져봅니다. 아이를 위한 연습도 되지만 이를 통해 부모님의 프레젠테이션 실력도 늘 수 있어요. 또 기록된 영상은 추후 가족들의 추억으로 간직할 수 있어 여러모로 효과적입니다. 영상을 통해 표정과 자세, 말투와 억양, 말의 빠르기 등

을 살피세요. 말의 토시 하나 틀리지 않는 것이 중요한 게 아니라 당당하고 멋진 태도와 자신감, 밝은 표정 등이 중요합니다.

〈TIP〉 부모님의 코칭 포인트

❶ 부모님이 먼저 카메라 앞에 서서 보여주세요.

❷ 아이의 행동이나 말, 자기소개 내용을 비판하지 마세요.

"그렇게 삐딱하게 서서 말하면 몸이 흔들거리고 신뢰감도 떨어져." (×)

❸ 어떤 자세로 말하는 게 좋은지 서로 의견을 말해보세요.

"어깨를 펴고 약간 다리를 벌리고 서서 얘기하니 안정적으로 보이네." (○)

05
생각하고 말하기

"넌 좀 생각하고 말해라."

"도대체 넌 생각이 있니 없니?"

"무슨 말을 그렇게 (생각 없이) 해?"

상대방의 말에 이런 반응을 보였거나 마음속으로 생각해본 적 없으신가요? 누구든 유쾌할 리 없는 말입니다. 아무리 맥락 없는 말을 했다 하더라도 이런 말을 들으면 자신감이 떨어지면서 자존감이 낮아집니다.

어떤 생각을 갖고, 어떻게 말하느냐에 따라 상대방에게 전달되는 바가 달라지며 자신에 대한 평가 또한 달라집니다. 생각하며 말해야 되는 이유, 윤서와 지아의 에피소드를 통해 확인해볼까요?

윤서와 지아는 단짝 친구입니다. 윤서는 지아가 정말 좋아요. 관심사가 비슷해 대화하면 재미있고, 슬플 때 전화로 이야기를 나누다 보면 슬픈 감정이 눈 녹듯 사라지기 때문입니다. 정말 소중한 친구이지만 딱 한 가지 불만이 있어요. 바로 지아의 말투와 표현방식입니다. 지아는 자기가 말하려 하는 것을 반대로 말하는 경향이 있습니다.

어느 날, 윤서는 생일을 맞아 부모님으로부터 평소 정말 갖고 싶었던 신발을 선물 받았어요. 이 신발을 받기 위해 방 정리도 깨끗하게 하고, 부모님과의 약속도 잘 지키고 말씀도 잘 들었죠. 신발을 선물 받은 이튿날 윤서는 학교에 신발을 신고 가서 지아에게 자랑했습니다.

"지아야, 내 신발 어때?"

"너 신발 또 샀어? 돈 많다?"

지아의 말에 윤서는 매우 서운했어요. '신발 또 샀냐'는 말도 야속한데 '돈 많은가 보다'라는 말은 서운하다 못해 슬픈 감정까지 들게 했습니다. 윤서는 울고 싶어졌어요. 지아에게 신발 예쁘다는 말을 듣고 싶었거든요. 게다가 지아가 이런 반응을 보이는 게 처음이 아니라 쌓였던 감정이 폭발할 것만 같았어요. 윤서가 자신에게 신발을 자랑하고 싶은 마음을 모르는 걸까요? 서로 절친한 친구인데 모를 리 없을 거예요. 윤서는 기분이 나빴습니다. '어떻게 저렇게 말할 수 있지?' 이미 기분이 상해버린 윤서는 자기도 모르게 지아에게 이렇게 말했습니다.

"너는 말을 어쩌면 그렇게 생각도 안 하고 해? 내 생각을 모르는 거야? 나 이거 내 돈으로 산 거 아니고 엄마, 아빠한테 생일선물로 받은 거거든? 난 너한테 자랑하고 싶었어! 예쁘다는 말 듣고 싶었던 건데……."

지아는 윤서의 반응에 얼굴이 빨개졌습니다. 지아는 그런 뜻으로 한 말이 아니었기 때문이에요. 자기도 모르게 그렇게 표현한 건데 윤서가 언성을 높이며 화를 내니 어떻게 해야 할지 몰라 당황스러워졌어요. 사실 지아 스스로도 자신의 말습관이 좋지 않다는 것을 알고 있었습니다. 얼마 전, 윤서에게 솔직하게 말한 적도 있었어요.

"윤서야, 난 왜 생각한 거랑 다른 말이 나오지?"

윤서에게 고민 상담도 한 적도 있는데, 그랬던 것도 잊은 채 다른 친구도 아닌 가장 소중한 친구인 윤서에게 상처를 준 것 같아 미안해졌습니다.

아이들의 대화 태도나 말투를 살펴보면 지아처럼 자기 생각과 반대로 말하거나, 그 자리에서는 아무렇지도 않게 말했다가 나중에 후회하는 경우가 꽤 많습니다. 말습관이라는 것은 한번 몸에 배면 고치기 어렵기 때문에 어릴 때부터 생각하고 말하는 것이 굉장히 중요해요. 어른도 가끔은 자신의 생각과 다르게 툭 말해놓고 '그런 뜻이 아니었는데……' 하며 후회하는 경우도 있습니다.

"오늘 무슨 일 있어? 왜 이렇게 빼입고 난리야!"

결혼기념일 저녁식사 자리에 멋지게 차려 입고 나타난 아내에게 남편이 한 말입니다. 이 말에 아내는 주변을 둘러보며 창피해서 눈물이 날 지경이었습니다.

"우리 남편은 말을 참 멋도 없이 해요. 마음은 따뜻한데 말을 꼭 삐딱하게 하거든요."

사실 남편은 아내의 평소 차림과는 다른 멋진 모습을 칭찬하고 싶었던 건데 "여보, 오늘 멋진데!"라는 말 대신 '빼입고 난리야!'로 나온 겁니다. 말습관은 고착화되면 고치기 어렵습니다.

말과 생각은 한 세트입니다. 영아기 유아 발달 단계에서 '인지가 발달해야 말을 잘하느냐' 아니면 '언어가 인지 발달보다 먼저이냐'를 가지고 많은 석학들이 논쟁을 벌입니다. 인지가 발달해야 말을 잘한다는 의견도 있고, 말을 잘하는 아이가 인지 발달이 빠르다는 의견도 있습니다. 어떻게 보면 '닭이 먼저냐, 달걀이 먼저냐'와 같은 논쟁이지만 성장하면서 우리는 특별히 생각하지 않고도 자기 생각을 말할 수 있을 만큼 능숙하게 말하게 됩니다.

하지만 초등학교 저학년까지는 자신의 생각을 잘 다듬어 그것을 조리 있게 말한다는 건 쉽지 않습니다. 그러다 보니 생각 없이 나오는 대로 말을 하는 경우가 많지요. 반면에 '생각이 참 깊구나' 싶은 아이가 있습니다. 판단 기준은 다름 아닌 '말습관'이에요. 생각이 깊더라도 아무렇게나 나오는 대로 말하는 습관을 개선하지 않는다면 타인의 눈에는 '생각 없는 아이', '말 함부로 하는 아이'로 비춰질 뿐입니다.

지아의 경우도 그렇습니다. 정말 괜찮은 아이지만 어떤 상황에서는 본심과 다른 말이 나와 친구를 아프게 하기도 해요. 생각하며 말하는 습관을 들인다면 '정말 괜찮은 아이', '생각이 깊은 아이'가 될 수 있습니다. 친구에게 상처 주지 않고 친구들의 신뢰를 받으며 자신의 말 때문에 불이익을 받지 않게 됩니다.

부모님 가이드。

생각 없이 한 말 때문에 벌어지는 오해와 상처, 아이들만의 일일까요? 이런 경우도 있었습니다. 지아 엄마는 이마가 볼록하고 주름 하나 없어 주변의 부러움을 사는 편입니다. 어느 날 남편이 지아 엄마의 이마를 바라보고 말합니다.
"당신 이마는 볼록 튀어나온 게 한 대 때리기 좋게 생겼어."
이 말을 들은 지아 엄마는 깜짝 놀랐습니다. 남편은 아마 그런 표현에 지아 엄마가 놀랄 거라곤 생각하지 못한 것 같아요. 그런 표현이 오히려 솔직하고 재미있다고 생각한 겁니다. 지아 아빠는 "당신 이마가 참 예뻐"라는 말이 너무 어색한 거예요.
또 어느 날은 지아 엄마의 피부가 유난히 좋아 보였나 봐요.

"기름에서 막 건져낸 것처럼 얼굴이 빤들빤들하네"라는 말을 칭찬처럼 했다는 거예요. 지아 엄마는 참지 못하고 남편에게 말했습니다.

"자기는 왜 말을 그렇게 해? 그동안 이해하려고 노력했는데 정말 시도 때도 없이 장난치는 아이 같아."

"피부 좋다는 말이야. 물광, 유광이라는 말 몰라? 당신은 어쩜 '요즘 말'을 나보다도 더 몰라?"

남편은 아내의 피부가 촉촉해 보여서 한 말인데, 듣는 아내는 그 말투가 불만입니다. 가만히 누군가의 말에 귀를 기울이면 모두 다 일리가 있어요. 지아 아빠의 말도 그렇지요. 하지만 상대방이 들었을 때 좋지 않은 말이고, 대다수가 그렇게 생각할 만한 말이라면 과연 그게 좋은 말, 적절한 칭찬일까요?

아이의 듣는 귀도 발달시켜야 합니다. '듣는 귀' 발달은 부모님과의 대화를 통해 이루어집니다. 상황을 예로 들어 상대가 어떤 마음이 드는지 느낄 수 있도록 해주세요.

상대의 기분 생각해보기

"네가 정확하게 말하고자 하는 것이 무엇인지 생각한 뒤에 말하면 오해를 줄일 수 있어. 친구에게 말할 때 네 의도를 정확하게 전달하는 것도 중요하지만, 친구가 들었을 때 듣기 좋은 말이 무엇인지에 대해서도 고민해야 해. 네가 새 신발을 신고 갔을 때 친구가 '너 신발 또 샀어? 돈 많아?'라는 말과 '새 신발 예쁘다'라는 말 중 어떤 말을 해주었으면 좋겠어?"

아이의 말공부

1. 말을 할 때 표현하고 싶은 게 정확히 무엇인지 생각한 뒤 말하기

"새 신발 샀어? 너 돈 많아?"라는 말 대신 진짜 전달하고 싶은 메시지가 무엇인지 생각해요.

❶ 신발이 예쁘다는 말을 하고 싶다면
"신발 참 예쁘다."

❷ 새 신발을 산 것에 대해 관심을 보이고 싶다면
"또 샀어?" (×)
"새 신발 샀구나. 참 좋다." (○)

❸ 친구가 용돈을 모아 산 건지, 부모님이 사주신 건지 궁금하다면
"너 돈 많다?" (×)
"네가 용돈 모아 산 거야? 부모님이 사주셨어?" (○)

2. 내가 들었을 때 어떤 말이 듣기 좋은지 생각하고 말하기

친구의 새 신발이 멋질 때

A: "와! 멋있는데?" "좋아 보인다."

B: "너 돈 많은가 보다." "또 새 신발 샀냐?"

어떤 말이 더 듣기 좋은가요? 그 말을 들으면 어떤 기분이 들지 생각해보고 남에게도 듣기 좋은 말을 해야 합니다. 상대에게 좋은 말, 적절한 말이 무엇인지 알면 '생각이 깃든 진짜 말'을 할 수 있어요.

06
자신의 마음을 표현해야 할 때

슬아는 생일이 늦어서 또래보다 작고 수줍음이 많지만, 친구들과 어울릴 때에는 누구보다 활발하고 적극적인 여자 아이입니다. 네 살 때부터 어린이집에 다니면서 또래 친구들과 어울리는 시간을 많이 가져서인지 등원하기 싫다고 한 번도 투정 부린 적이 없었어요. 그러다 유치원에 다니면서 종종 가기 싫다며 떼쓰는 일이 생기기 시작했습니다. 슬아의 엄마는 그저 달라진 환경에 적응하는 과정이라 생각했지만, 점점 투정이 심해져 엄마와 매일 전쟁을 치러야 했어요.

"왜 유치원에 가기 싫다는 거야?"
"싫어 그냥 싫어! 가기 싫어! 으앙~."

구체적인 이유를 말해주지 않고 그냥 싫다고만 하니 엄마는 답답합니다. 곰곰이 생각해 보다가 얼마 전, 친구 생일파티 때 사진 찍었던 얘기를 하며 투덜거리던 슬아의 모습이 떠올랐어요. 엄마는 다시 차분히 슬아에게 질문했습니다.

"슬아야, 요즘도 유치원 생일파티 때 사진 찍어?"

"응, 생일인 친구가 순서 정해서 찍어."

"슬아도 사진 많이 찍었어?"

"내가 저번에 말했잖아. 나는 인기 없어서 친구들이 나랑 찍고 싶다고 잘 안 해."

"친구들 생일파티 때문에 유치원에 가기 싫을 때도 있어?"

"몰라. 사진 찍고 싶은 사람 고를 때 나를 1등으로 골라줬으면 좋겠는데 애들은 맨날 주혜랑만 찍으려고 해. 나는 인기가 없으니까. 유치원 재미없어."

엄마는 놀랐습니다. 이제 7살 아이가 '인기가 없다'는 말을 한 게 믿어지지 않았지요. 그리고 너무 속이 상했습니다.

'자신을 인기 없다고 생각하다니……. 어린 것이 얼마나 마음이 아플까?'

슬아가 말한 주혜는 키도 크고 유쾌한 데다 리더십과 배려심을 갖춰 엄마들 사이에서도 자주 언급되고 있는 아이입니다.

유치원에서 생일을 맞이한 친구와 반 친구들이 사진을 찍는 시간. 어쩔 수 없이 순서가 생기기 마련입니다. 단체 사진이 아닌 이상 생일인 친구와 사진을 찍으려면 순서가 있는데 슬아는 1등으로 지목되고 싶었던 겁니다. 슬아는 1등이나 2등으로 선택되고 싶었지만 그렇지 못했던 것이고 그것을 '자신은 인기 없는 아이'라고 여겨서 유치원에도 가기 싫어한 것입니다.

엄마는 시무룩해 있는 아이를 보자 안쓰러움과 함께 불쑥 화도 나서 마음에 없는 소리를 했습니다.

"그럼 네가 손 들고 먼저 사진 찍자고 하지! 그게 뭐가 중요해. 생일인 친구 마음이지. 그런 건 인기하고 상관없어. 선생님 얘기 들으니까 어쨌든 사진은 다 찍는다던데, 그걸 갖고 유치원 안 간다고 난리야!"

사실 이 말을 하는 엄마는 더 속이 상합니다. 우리 아이가 친구들과 잘 지내고 친구들에게 인기 있기를 바라는 것. 모든 부모의 바람이니까요. 하지만 아직 초등학생도 아닌, 이제 유치원생인 어린 딸이 스스로를 인기 없다고 하니 엄마는 마음이 복잡해집니다.

부모님 가이드。

아이가 유치원이나 학교에 가기 싫다고 하면 부모님은 당황하기 마련입니다. 당황스러운 마음에 "유치원에는 가야지!", "학교를 가고 싶어서 가는 사람이 어딨어?"라는 말이 툭 튀어나올 때도 있는데요. 그런 식으로 아이를 다그치기 이전에 아이가 유치원이나 학교 가는 걸 싫어하게 된 이유를 파악해야 합니다.

흔히 엄마는 아이가 그동안 표현을 잘 안 했다고 생각할 수 있는데, 아이들은 스치듯 말하는 일상적인 대화 속에 자신의 마음을 담을 때가 있습니다. 슬아의 엄마는 평소 슬아의 말에 귀 기울였기 때문에 슬아가 생일파티 때 친구들과 함께 사진을 찍지 못해 서운해한다는 것을 떠올릴 수 있어 아이가 고민하는 문제를 알 수 있었으나, 풀어가는 과정은 쉽지 않았습니다.

아이에게 해법의 열쇠가 있습니다. 부모의 기준에서 해석하지 말고 아이가 생각하는 '인기'는 무엇인지, 왜 '인기가 없다'라고 생각하는지 아이와 이야기 나누어보세요. 부모님이 생각하는 것과 다를 수 있습니다. 단지 '1등으로 사진 찍고 싶다'거나 선망의 대상인 '주혜가 부러워서' 그럴 수도 있어요.

"슬아야, 인기 있다는 말이 무슨 뜻이야?"

이 질문은 아이가 말하는 '인기'를 알기 위해서입니다.

"그냥, 애들이 많이 좋아하는 거야."

이제 슬아가 언급한 주혜라는 친구와 연결해서 이야기를 풀어갑니다.

"아, 아이들이 주혜를 많이 좋아하는구나. 주혜는 어떤 친구야?"

"응, 주혜는 키도 크고 그림도 잘 그려. 말도 되게 잘해."
"아, 그렇구나. 주혜는 키도 크고 그림도 잘 그리고 말도 잘하는구나."

이렇게 아이의 대답에서 핵심어를 찾아 피드백과 맞장구를 치며 부드럽게 대화를 이어갑니다. 이런 이야기일수록 편안한 마음과 표정으로 '주거니 받거니' 이야기 나누세요. 이야기를 나누다보면 아이의 마음이 저절로 풀리고 엄마가 가르쳐주지 않아도 아이가 문제를 해결해갈 수 있습니다.

"생일인 친구가 우리 슬아하고 1번으로 사진 찍으면 좋겠지만 그 친구가 다른 친구를 먼저 부를 수도 있으니까 슬아가 미리 부탁하면 어떨까?"

이렇게 아이에게 생각할 시간을 주며 아이 스스로 해결의 실마리를 찾도록 도와줄 수도 있습니다.

"○○야, 사진 찍을 때 나하고 제일 먼저 찍을래?"

친구 입장에서 들을 때 어떻게 말하는 것이 더 부드럽고 듣기 좋은지 엄마와 연습하면 훨씬 도움이 됩니다.

'친구들이 나를 싫어하나 봐', '나는 왜 인기가 없을까?'라고 생각하며 의기소침하기보다는 '친구들에게 어떻게 내 마음을 전할까?', '어떻게 말해야 친구들이 나랑 사진을 찍고 싶어 할까?'에 대한 방법을 찾게 해주세요.

그리고 사람마다 취향과 생각이 다르기 때문에 좋아하는 사람, 무언가를 함께 하고 싶은 사람이 각자 다를 수 있다는 것도 알려주세요. 자신이 원하는 대로 되는 것도 아니고, 1등으로 지목되지 않는다고 해서 '나는 인기가 없다'고 스스로를 깎아내리지 않도록 가르쳐주는 것이 중요합니다.

아이의 말공부

❶ 친구와 사진을 찍고 싶을 때

"친구야, 네 생일파티 때 너랑 같이 사진을 찍고 싶은데 나를 1번으로 불러줄 수 있어? 같이 사진 찍으면서 생일 축하해주고 싶어."

❷ 친구가 다른 친구와 사진 찍고 싶다고 할 때

친구: 난, ○○랑 먼저 찍을 건데?

나: 그럼 2등으로 불러줄래? 그 친구랑 사진 찍은 다음에 나랑도 꼭 찍자! 난 네가 좋아.

❸ 함께 사진 찍을 것을 거절당했을 때

친구: 싫거든. 너랑 1번으로 안 찍을 거야.

나: 그래, 알겠어. 나는 그러고 싶었어. 생일 축하해!

〈Tip〉 아이에게 꼭 알려주세요.

"부탁은 할 수 있지만 상대가 꼭 들어주어야 하는 건 아니야."

"부탁을 거절할 수도 있어. 그건 너를 무시해서가 아니란다."

note

엄마가 알려주는 아이의 말공부

1판 1쇄 발행 2020년 4월 22일
1판 2쇄 발행 2020년 8월 29일

지은이 임영주
발행인 오영진 김진갑
발행처 (주)심야책방

책임편집 박수진
디자인팀 안윤민 김현주
마케팅 박시현 신하은 박준서
경영지원 이혜선

출판등록 2013년 1월 25일 제2013-000028호
주소 서울시 마포구 월드컵북로5가길 12 서교빌딩 2층
전화 02-332-3310 팩스 02-332-7741
블로그 blog.naver.com/midnightbookstore
페이스북 www.facebook.com/tornadobook

ISBN 979-11-5873-174-8 13590

이 책은 저작권법에 따라 보호를 받는 저작물이므로 무단전재와 복제를 금하며, 이 책 내용의 전부 또는 일부를 사용하려면 반드시 저작권자와 (주)심야책방의 서면 동의를 받아야 합니다.

잘못되거나 파손된 책은 구입하신 서점에서 교환해드립니다.
책값은 뒤표지에 있습니다.

이 도서의 국립중앙도서관 출판예정도서목록(CIP)은 서지정보유통지원시스템 홈페이지(http://seoji.nl.go.kr)와 국가자료공동목록시스템(http://www.nl.go.kr/kolisnet)에서 이용하실 수 있습니다.
(CIP제어번호: CIP2020011799)